그림으로 읽는

MINI MBA

KEIEIGAKU NO KIHON YURU ZUKAN
Copyright © 2021 Carl Atsushi Hirano
All rights reserved.
Original Japanese edition published in 2021 by Takarajimasha, Inc.
Korean translation rights arranged with Takarajimasha, Inc., Tokyo
through Eric Yang Agency Co., Seoul.
Korean translation rights ©2022 by SUNGSHIN MEDIA Inc.

이 책의 한국어판 저작권은 Eric Yang Agency를 통해
저작권사와 독점 계약한 (주)성신미디어에 있습니다.
저작권법에 의해 한국 내에서 보호를 받는 저작물이므로 무단전재와 복제를 금합니다.

히라노 아쓰시 칼 지음
김수빈 번역

SM 성신미디어

들어가며 · 8

PART 01. 경영학과 조직의 이해

경영학이란? · 12

기업의 다양한 형태 · 20

보너스 기업의 가치 평가 · 30

기업 내 조직의 이해 · 32

기업 내부 상황 분석 및 변화관리 · · · · · · · · · · · · · · · 42

비즈니스 모델 · 48

   프린터기 회사의 소모품 모델 52 / 코스트코의 회원제 모델 54

   세계적 기업의 플랫폼 전략 57 / 소셜 게임의 프리미엄 모델 58

   페이스북의 오픈 전략 60 / 인터넷 쇼핑몰의 롱테일 전략 62

   캐릭터 사업자의 라이선스 사업 64

   소액 투자자를 위한 크라우드 펀딩 66

경영학 인물 FILE No. 01 프레드릭 W. 테일러 · · · · · · · · · · · · 68

PART 02. 경영전략

- 경영전략을 위한 사고방식 ········· 72
- **보너스** 경영전략 학파의 계보 ········· 80
- 경영전략의 분류 ········· 82
  - 전사 전략 84 / 사업 전략 94 / 기능별 전략 102
- **보너스** 경영전략의 성공을 위한 PDCA ········· 108

경영학 인물 FILE No. 02 마이클 E. 포터 ········· 110

PART 03. 생산 및 재무관리

규모의 경제와 범위의 경제 · 114

생산관리와 생산방식 · 120

    주문생산과 예측생산 122 / 적시생산시스템 124

    OEM과 PB 상품 126

보너스 상품의 표준 · 128

재무상태와 경영지표 · 130

    안전성 측정지표 137 / 수익성 측정지표 138

    성장성 측정지표 139

보너스 금융 + 기술 = 핀테크 · 140

경영학 인물 FILE No. 03 클레이튼 M. 크리스텐슨 · · · · · · · · 142

PART 04. 마케팅

- 마케팅이란? ··· 146
- 자사와 자사 상품에 대해 이해하기 ················· 154
- 고객의 니즈 파악하기 ····································· 164
- 타깃의 선정과 마케팅 믹스 ····························· 172
- 고객 관계 관리 CRM ·· 176
- 소비자의 마음을 끄는 다양한 마케팅 방법들 ····· 184
  - 체험 마케팅 184 / 스폰서십 마케팅 187 / 리스팅 광고 189

경영학 인물 FILE No. 04 필립 코틀러 ···················· 194

참고문헌 ··· 196
찾아보기 ··· 197

들어가며

"경영학에 관심은 있는데 정확히 어떤 학문인지는 잘 모르겠어."
 이 책은 이런 독자들을 위한 책입니다.
 간단히 말하자면, 경영학은 기업을 연구하는 학문입니다.
 기업은 대기업부터 중소기업까지 규모가 다양하며 개인이 경영하는 회사도 있습니다. 회사를 경영하려면 어떤 방침으로 운영할지, 제품과 서비스는 어떻게 팔지, 어떻게 수익을 얻을지, 회사 시스템은 어떻게 구축할지, 필요한 돈을 어떻게 조달하거나 운용할지 등 많은 것을 배워야 합니다.
 경영학은 단순히 기업을 연구하는 학문만은 아닙니다. 조직을 운영하는 방법이나 경영에 실패한 기업에서 배울 점 등 향후 사회와 사람들에게 활용할 수 있는 시스템과 방법을 논리적으로 연구하는 학문입니다.
 그렇기 때문에 경영학은 경영전략, 마케팅, 비즈니스 모델, 생산관리, 조직, 금융·회계와 같은 다양한 영역으로 나뉘져 있으며 이 모든 분야를 총칭해서 경영학이라고 부릅니다.

경영전략이나 마케팅 등에 대해 들어는 봤지만 정확히 무엇인지 잘 모르는 사람이 있을 수도 있어 설명을 조금 더 덧붙이겠습니다. 이 책에서 다룰 내용이기도 하므로 알아두길 바랍니다.

경영전략 – 기업이 사회에 가치를 제공하기 위한 전략 (Part 2)
마케팅 – 고객이 무엇을 원하는지 파악하는 방법 (Part 4)
비즈니스 모델 – 실제 기업의 수익 구조에 대한 사례 (Part 1)
생산관리 – 시장의 수요를 예측하여 생산 및 관리하는 것 (Part 3)
조직 – 기업이 조직을 운영하는 최적의 방법 (Part 1)
금융·회계 – 자금 조달과 운용 (Part 3)

이 책은 경영학 입문서 중에서도 입문서입니다. 경영학을 전혀 모르는 독자라도 간결한 문장과 알기 쉬운 일러스트를 통해 경영학의 기초를 다질 수 있습니다. 경영학을 배우면 기업 이념, 경영자나 상사의 사고방식, 경쟁사의 목표와 같은 사회의 구조를 이해하게 됩니다. 사회 구조가 보이면 신문 경제 기사에 관심을 갖고 읽게 되며 스스로의 행동에도 변화가 찾아올 것입니다.

이 책이 그 계기가 되기를 간절히 바랍니다.

히라노 아쓰시 칼

PART 01

경영학과 조직의 이해

경영학은 기업과 조직이 보유한 경영 자원을 활용하여 사회에 가치를 제공하는 방법을 배우는 학문이며, 단순히 돈을 버는 일에만 중점을 두지 않습니다. 보유한 경영 자원을 이용해 기업을 성공적으로 운영하려면 조직으로서 통제가 잘 이루어져야 합니다. 이번 파트에서는 경영학과 조직에 대해 전반적으로 알아보겠습니다.

경영학이란?

경영학은 기업이 돈을 버는 데 중점을 둔 학문이 아닙니다. 기업과 조직이 보유한 **경영 자원**을 활용하여 사회에 가치를 제공하는 방법을 배우는 학문입니다.

회사 경영은 기업이 주주에게 받은 자금으로 제품이나 서비스를 고객에게 제공하고, 그 과정에서 얻은 돈의 일부를 주주에게 배당금 형식으로 돌려주는 구조로 이루어집니다.

많은 기업은 주주가 맡긴 돈과 은행 같은 금융기관에서 받은 융자나 사채를 발행하여 획득한 자금을 자본으로 경영하며, 제품이나 서비스를 더 많은 고객에게 팔기 위한 전략을 세웁니다. 즉, 경영이란 주주의 투자와 고객이 지불하는 돈으로 회사를 운영하는 하나의 순환으로 볼 수 있습니다.

경영학은 경영 성공 사례에서 찾은 구조, 경영 실패 사례, 성공 법칙과 실패하지 않기 위한 전략 등을 정리한 학문입니다. 즉, 분석과 실천을 반복해서 시장경쟁에서 이기는 방법을 이론으로 정리한 학문을 경영학이라 할 수 있는데, 경영은 시대나 사회의 영향을 받기 쉬운 분야입니다. 그래서 과거에는 정석으로 받아들여졌던 성공 법칙이 오늘날 적용하기 힘든 경우도 존재합니다.

또한 새로운 환경에서는 세워둔 가설을 바탕으로 잠정적인 방식을 만들고 실천합니다. 그리고 실천해보고 의미가 있었던 가설을 새로운 정석으로 정착하는 과정을 반복합니다. 이 이야기만 들으면 '과거의 정석을 배울 필요는 없지 않을까?' 생각할 수도 있겠지만, 과거부터 쌓아온 경영학의 토대를 이해해야 비로소 새로운 정석이 탄생하는 법입니다. 요컨대 최신 정석을 배우는 일과 마찬가지로 과거의 정석을 배우는 일 또한 중요합니다.

가설	과거의 정석을 토대로 '이렇게 하면 잘되지 않을까?'라는 아이디어를 가정해서 전략을 세웁니다
검증	가설이 제대로 성립되었고, 그것이 옳은지 확인하기 위해 가설을 토대로 실행합니다.
결과	가설이 설명되는지, 수정 사항이 있는지 검증을 통해 확인합니다. 결과를 토대로 가설을 다시 바로 잡습니다.

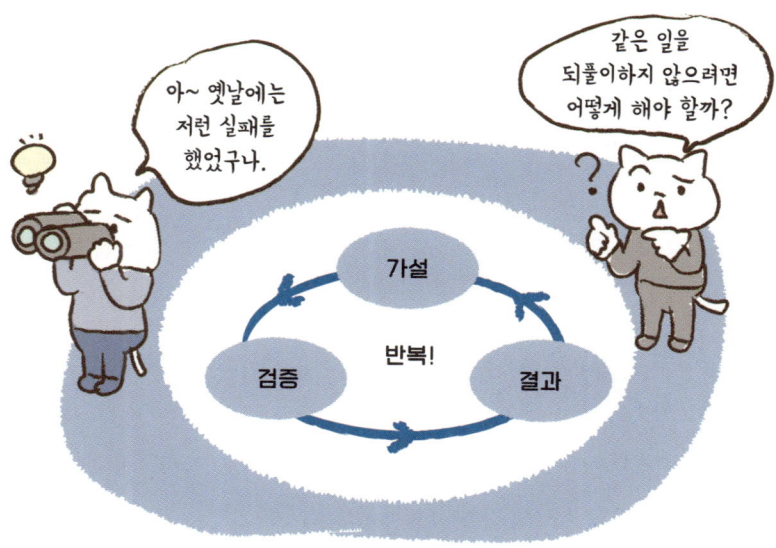

새로운 환경에서는 가설로 이뤄진 가정의 정석을 만들어서 실행합니다.
그리고 적용한 결과 가치가 있었던 가설이
새로운 정석으로 정착해가는 과정을 반복합니다.

경영학은 경영전략, 마케팅, 리서치, 회계, 금융을 비롯한 10개의 영역이 유기적으로 연결되어 하나의 경영이 성립됩니다.

여러 가지 의견이 있지만, 경영학에는 크게 10가지 영역이 있습니다.

다른 회사와의 경쟁에서 이기기 위한 방침을 배우는 경영전략, 사회 요구에 부합되는 상품이나 서비스를 제공하는 마케팅, 마케팅을 하기 위한 조사인 리서치, 제품이나 서비스를 접한 고객의 의견을 관리하는 정보관리의 네 영역이 상품이나 서비스를 제공하기 위해 필요합니다.

그리고 마케팅이나 정보관리로 얻은 아이디어를 반영하기 위해 품질을 유지하면서도 비용을 절감하는 방안을 연구하는 생산관리, 판매처나 고객에게 효율적으로 제품을 전달하는 방안을 모색하는 **로지스틱스**

경영전략	다른 회사와의 경쟁에서 이기는 방침을 수립
마케팅	사회 요구에 부합되는 상품이나 서비스를 제공
리서치	시장의 상황이나 반응을 조사
정보관리	고객 의견을 관리
생산관리	마케팅이나 정보관리로 얻은 아이디어를 생산에 반영
로지스틱스	고객에게 효율적으로 제품을 전달하는 방안 모색
조직·인사관리	경영을 하기 위한 일련의 관리 체제를 만듦
리더십	조직을 이끄는 견인차 역할
회계	자금의 손익을 기록 및 보고
파이낸스	자금을 조달하거나 관리 및 운용

Logistics, 일련의 관리 체제를 만드는 조직·인사관리와 조직을 이끄는 리더십도 존재합니다.

또한 기업 활동의 자금 수지를 기록 및 보고하는 회계, 자금을 조달하고 관리 및 운용하는 금융까지 10가지 영역이 유기적으로 연결되어 하나의 경영이 성립됩니다.

이러하듯 경영학은 기업의 활동에 중점을 둔 학문입니다. 한편 기업뿐만 아니라 개인, 국가, 나아가 세계로까지 분야를 넓혀 각각의 경제 활동을 분석하는 학문인 경제학도 있죠.

경영학은 기업의 활동에 중점을 둔 학문으로
기업이 살아남기 위한 최적의 방법을 연구하는 학문입니다.

예를 들어 불경기일 때 경기를 좋게 만들기 위해 정부는 어떤 대책을 세워야 하는지처럼 먼저 국가 차원에서 경제 메커니즘을 생각하고, 시장에서 물건의 값을 내리면 소비자나 기업은 어떤 소비 행동을 취하는지의 법칙을 연구하고 분석하는 학문이 경제학입니다.

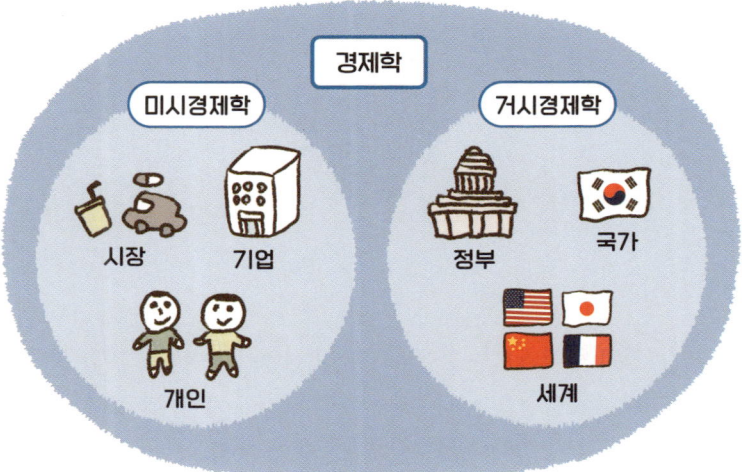

미시경제학	소비자와 기업에 대한 학문입니다. 상황에 따라 소비자나 기업이 어떤 소비 행동을 취할지 법칙을 연구합니다.
거시경제학	전 세계 상황을 고려하여 국가 차원에서 해야 할 경제 활동을 연구하는 학문입니다.

경제학은 기업뿐만 아니라 개인, 국가, 나아가 세계로까지 분야를 넓혀 각각의 경제 활동을 분석하는 학문입니다.

기업의 다양한 형태

 경영학은 세계를 바라보는 경제학과 달리 기업이 살아남기 위한 최적의 방법을 연구함에 중점을 둔 학문입니다. 그렇기에 기업에 대해 이해해야 하는데, 기업에는 다양한 형태가 있지만 먼저 주식회사에 대해 알아야 합니다.

 주식회사는 사업에 필요한 자금을 조달하기 위해 주식을 발행해 스스로 주주가 되거나 누군가 주식을 사서 주주가 되면 그 자금을 바탕으로 운영하는 조직을 말합니다. 회사가 작을 때는 경영자 스스로 자사주를 사거나 가족이 사기도 하지만, 만약 회사가 커지고 주식을 거래하는 증권거래소의 심사를 통과하면 그 회사의 주식은 누구나 구입할 수 있게 됩니다. 이것을 **상장**이라고 하며, 회사를 상장하면 더 많은 사람이 회사의 성장을 예상하고 투자할 수 있을 뿐만 아니라 많은 자금이 모이기 때문에 사업 규모를 확대할 수 있습니다.

주식회사는 발행한 주식을 누군가에게 팔아 자금을 조달하는 조직입니다.

회사가 커져 증권거래소 심사를 통과하면 그 회사의 주식은 누구나 매수할 수 있게 되는 것을 상장이라고 합니다.

이처럼 주식회사는 사업에 필요한 자금을 모으기 위해 주식을 발행하는데, 개인뿐만 아니라 기업이 주식을 매입하기도 합니다. 그리고 주주가 보유하고 있는 주식의 비율만큼 그 기업에 대한 지배력이 달라집니다.

예를 들어 회사 X가 회사 Y의 주주총회 의결권을 50% 이상 가지고 있는 경우 X를 모회사, Y를 자회사라 합니다. **모회사**는 자회사의 주식을 50% 이상 보유하고 있으므로 자회사의 경영을 어느 정도 지배할 수 있습니다. 참고로 X가 Y의 주식을 40% 이상 가지고 있고, Y의 임원이 X에서 파견 나온 사람인 경우에도 Y를 **자회사**라고 합니다.

한편 **관계회사**는 모회사가 가진 주식 비율이 20% 이상 50% 이하인 회사를 가리킵니다. 상당수의 주식을 모회사가 가지고 있긴 하지만 다른 주주가 있는 경우에는 관계회사를 모회사 마음대로 경영할 수 없습니다.

주로 모회사가 가진 주식 비율로 자회사인지 관계회사인지가 정해지는데, 모회사가 영향력을 얼마만큼 행사하고 싶은가에 따라 자회사냐 관계회사냐를 선택하는 기준이 됩니다.

모회사는 자회사의 주식을 50% 이상 보유하고 있으므로
자회사의 경영을 어느 정도 지배할 수 있습니다.
반면 주식을 50% 이하 보유하고 있는 관계회사는 모회사 마음대로 경영할 수 없습니다.

　자회사의 장점은 임원이 될 가능성이 있는 직원에게 회사를 경영하는 경험을 쌓게 하거나 사업 리스크를 다른 자회사로 분산시킬 수 있다는 점입니다. 신규 사업을 시작할 때 자회사에서 주관하면 의사결정이 더 빠르게 진행되거나 다른 회사의 출자를 받을 수 있는 등 다른 장점도 많습니다.

　모회사가 사업체를 보유하지 않고 자회사의 경영 지도만 하는 형태의 **지주회사 제도***도 있습니다. 그룹 전체의 의사결정에 중점을 두는 지주회사 제도를 통해 경영의 신속화와 효율화가 가능해집니다. 지금까지의 **모자회사** 관계에서 모회사는 자사의 사업을 최우선으로 두고 경영했으며, 자회사는 모회사의 지배를 받았습니다. 반면에 지주회사 제도에서는 모회사는 그룹 전체의 이익을 위해 자회사별로 다른 제도를 도입할 뿐 아니라 리스크를 분산할 수도 있습니다. 가령 그룹의 자회사 중 한 회사가 망한다고 해도 다른 자회사에는 아무런 영향을 미치지 않습니다. 이 점이 모자회사와 지주회사 제도의 가장 큰 차이점입니다.

* **역자 주** : 한국의 지주회사 제도는 기업 경영에 대한 감시 장치가 미흡하여 지주회사 허용 시 경제력 집중 수단으로 악용될 우려가 있다는 이유로 1986년 지주회사의 설립 및 전환을 금지했지만, 1999년 공정거래법 개정으로 다시 가능해지면서 이 제도를 도입하는 기업이 늘어나고 있다.

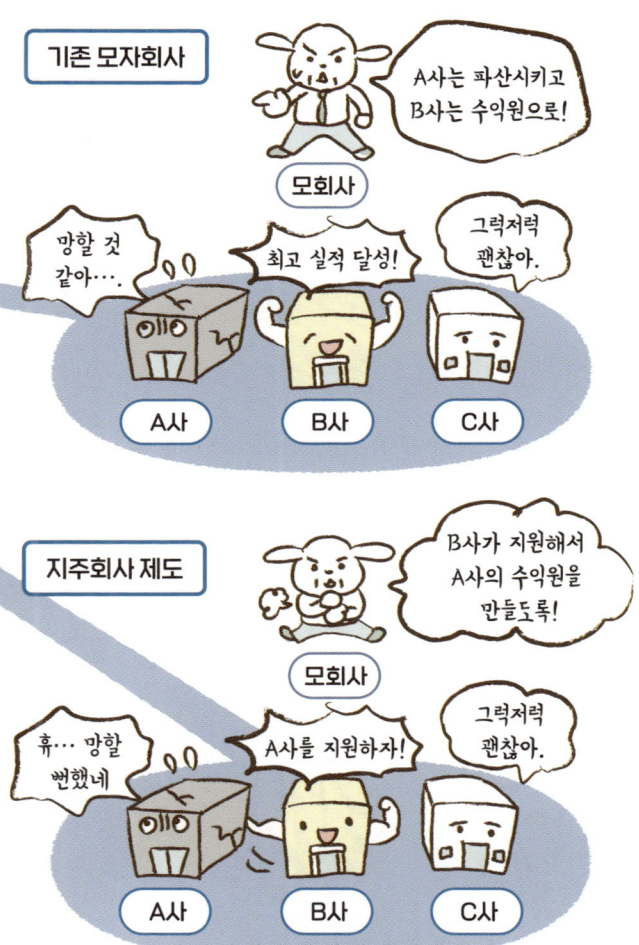

지주회사란 자회사를 관리하는 회사로
지주회사 제도에서 모회사는 그룹 전체의 이익을 위해 자회사별로
다른 제도를 도입할 뿐 아니라 리스크를 분산할 수도 있습니다.

회사 간의 관계에는 모자회사 같은 연계뿐만 아니라 자사에 없는 사업체를 운영하는 회사를 돈으로 인수하는 'M&A'도 존재합니다.

　M&A는 Mergers and Acquisition의 약자로, '합병과 인수'를 뜻하는 말입니다. 이는 자사가 원했던 기술을 보유하고 있거나 사업체를 운영하는 회사를 자금을 들여 인수하는 것을 말하는데, M&A를 통해 판로나 점유율 확대, 신규 사업 진출을 기대할 수 있으며 회사 규모를 더 확대할 수 있습니다. 또한 인재, 타사의 브랜드, 기술, 노하우, 고객처럼 다양한 요소를 M&A를 통해 획득할 수 있습니다.

M&A는 기업합병Merger과 기업인수Acquisition가 결합된 말입니다.

이를테면 식품을 취급하는 기업은 편의점이나 슈퍼마켓 업계에서 점유율이 높은 도매상을 인수하여 판로를 확대하거나 레스토랑을 인수하는 방법으로 사업을 키우는 것이 가능하며, 이로써 이익 증대를 꾀할 수 있습니다. 게다가 전혀 다른 분야의 회사를 인수함으로써 신규 사업에도 진출할 수 있습니다. 즉, 하나의 회사에서 영위할 수 있는 사업의 범위가 늘어납니다. 그러나 M&A는 실패하는 경우도 많기 때문에 신중히 진행해야 합니다.

우수한 인재, 타사의 브랜드, 기술, 노하우, 고객처럼 다양한 요소를 M&A를 통해 획득할 수 있습니다.

한편, 독창적인 아이디어로 대기업에서도 하지 않았던 새로운 사업을 일으키는 젊은 회사인 **벤처기업**도 있습니다. 벤처기업은 의사결정이 빠르고 속도감이 있다는 강점과 인재, 자금, 고객이 적은 만큼 점유율도 낮다는 약점이 있습니다. 대기업에 비해 상황 변화에 빠르게 대처하는 벤처기업은 다른 회사에는 없는 독창적인 아이디어로 대기업의 손이 미치지 않는 니즈에 부응할 수 있습니다. 그렇기에 단기간에 급성장하여 상장하는 기업도 있습니다.

최근에는 대기업이 유망한 벤처기업을 지원하기도 합니다. 대기업의 지원을 받고 성장하여 상장에까지 이르는 기업도 있습니다. 이 중 기업 가치가 10억 달러 이상인 유망한 비상장회사를 **유니콘 기업**Unicorn Company이라고 합니다. 다만 이름에서 알 수 있듯 실제로 이런 기업이 거의 존재하지 않기 때문에 상상 속 동물인 유니콘에 비유한 것입니다. 참고로 기업 가치가 100억 달러 이상인 기업은 **데카콘 기업**Decacorn Company이라고 합니다.

기업의 가치 평가

　기업의 가치를 정할 때 주가가 큰 영향을 미칩니다. **상장사**는 주식 거래가 가능하며, 거래 단위별로 주가가 다르기에 단순히 주가만으로는 기업 가치를 비교하기 어렵습니다. 그래서 기업의 시장 가치를 매길 땐 주가에 발행주식을 곱한 **시가총액**을 사용합니다. 이를테면 주가가 1주당 10만 원이고 1,000주를 발행한 회사의 시가총액은 1억 원입니다.

　비상장사의 경우에는 크게 세 가지 방법으로 기업의 가치를 산정합니다. 재무제표를 토대로 가치를 산정하거나 규모나 사업 내용이 비슷한 상장 기업의 주가를 참고로 산정하며, 또는 미래잉여현금흐름을 토대로 산정하는 방법이 있습니다. 미래잉여현금흐름이란 회사가 영업 활동으로 번 현금에서 현재 사업을 유지하기 위해 투자해야 하는 자금 등을 뺀 수치입니다.

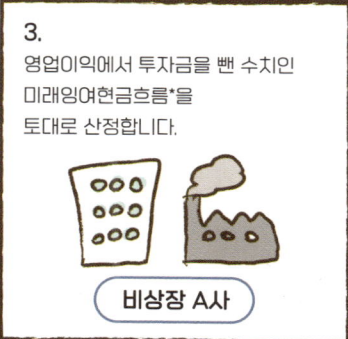

기업 내 조직의 이해

기업이 운영하는 사업이 원활하기 위해서는 조직으로서 통제가 되어야 합니다. 조직은 2명 이상으로 구성된 모임을 말하는데, 사람이 모여있는 것만으로 조직이 되는 것은 아니며 다음의 세 가지 조건이 충족되어야 조직이 성립됩니다.

  첫 번째 공동의 목적이 있을 것, 두 번째는 조직 구성원이 원활하게 소통할 수 있을 것, 세 번째는 공동의 목적을 달성하기 위해 일할 협력 의지가 있을 것입니다.

조직의 성립 조건	공동의 목적이 있을 것
	조직 구성원이 서로 의사소통할 것
	공동의 목적을 달성하기 위해 협력 의지를 가지고 일할 것

조직이 성립되려면 공동의 목적, 조직 구성원의 의사소통, 협력 의지가 있어야 합니다.

조직에는 여러 형태가 존재하는데 대표적인 조직의 형태에는 '직능별 조직'과 '사업부제 조직'이 있습니다.

먼저 **직능별 조직**이란 인사부, 영업부, 제조부, 경리부처럼 전문 분야별로 부서를 분류해서 구성된 조직입니다. 직능별 조직은 사업 규모가 작거나 제품군이 적은 중소기업에서 주로 구성하는 형태이며 **상명하복식** 조직입니다.

> 직능별 조직이란 인사부, 영업부, 제조부, 경리부처럼 전문 분야별로 부서를 분류해서 구성된 조직입니다.

사업부제 조직은 취급 제품이나 담당 지역 등에 따라 사업부별로 구분해 각각 독립된 회사 같은 형태를 띠는 조직입니다. 사업부제 조직은 각 사업부에 큰 권한을 부여하여 모든 권한을 사업부장이 가지고 사업부의 재량으로 사업을 운영해나갑니다.

| 사업부제 조직 |

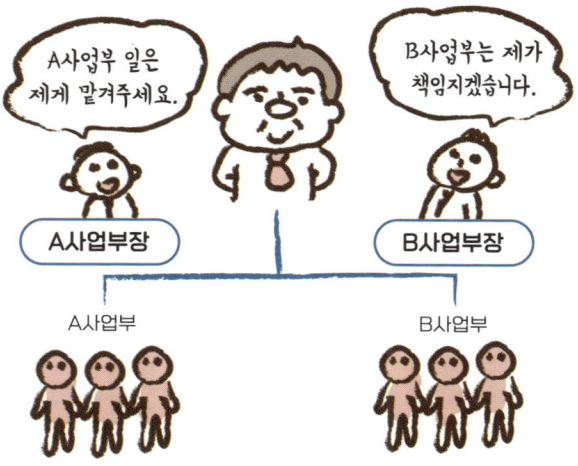

사업부제 조직은 취급 제품이나 담당 지역 등에 따라
사업부 별로 나눠 각각 독립된 회사 같은 형태를 띠는 조직입니다.

일반적으로 처음에는 직능별 조직에서 시작해 기업이 커지면 사업부제 조직으로 재편되는 경우가 많으며, 경영전략에 따라서도 조직의 형태는 달라집니다.

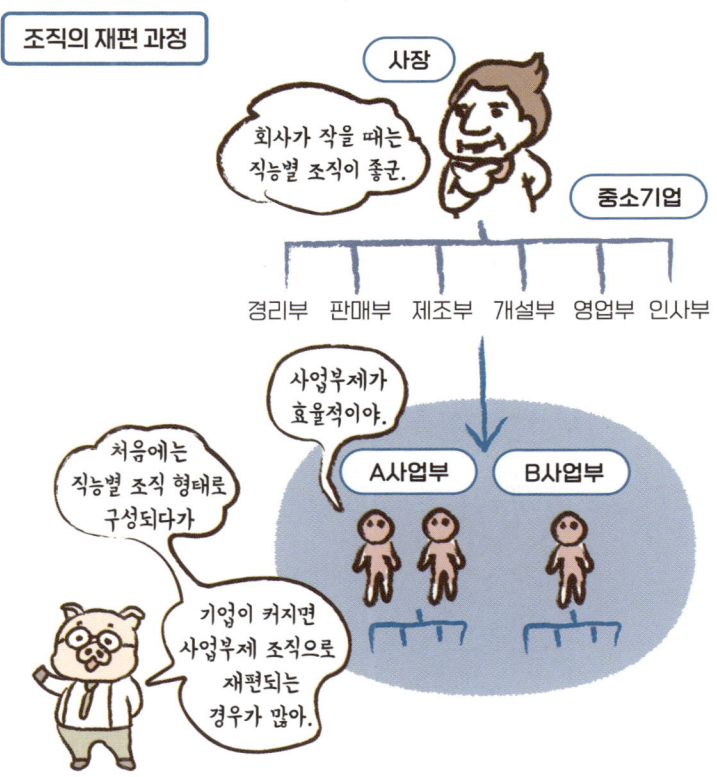

직능별 조직은 상명하복식 조직이고,
기업이 커지면 사업부제 조직으로 재편돼 사업을 운영해나갑니다.

조직의 형태와 상황에 맞게 조직 구성원 개개인의 성과나 업무 태도를 최상으로 끌어올리는 데 필요한 방법은 **인사관리**입니다. 조직 구성원을 평가하고 개개인이 적절한 위치에 배치되어 성과나 업무 태도를 최상으로 끌어올리는 것이 인사관리의 역할입니다. 또한 조직은 사원의 사기 진작을 위해 급여 인상뿐만 아니라, 보람이나 성취감을 느낄 수 있는 업무를 맡겨 그 업무가 '자아실현 욕구'를 자극하도록 해야 합니다.

인사관리

- 사원의 사기를 진작시키는 데는 인사관리가 필수!
- 직원의 업무 태도나 성과를 평가합니다. — **인사평가**
- 직원의 의욕을 가시화! — **동기부여 관리**
- 직원의 업무 태도 향상! — **인재개발**
- 직원을 적재적소에 배치!
- 가장 적합한 사람을 채용! — **채용관리**

또한 기업 내 인적 자원이 중요해지고 있는 요즘에는 개인이 노하우로서 가지고 있지만 주관적이며 표현하기 힘든 **암묵지**와 표현할 수 있는 **형식지**를 정리할 필요도 있습니다. 특히 일본 기업은 제품을 개발할 때 말로 정리하기 힘든 암묵지를 형식지로 바꾸어 사내 직원과 공유하고 새로운 지식을 만들어 내는 데 뛰어납니다. 이때 활용하는 **SECI 모델**은 그 지식을 만들어 내는 네 단계 **공동화**, **표출화**, **연결화**, **내면화** 과정을 거칩니다.

SECI 모델 4단계

1. 공동화 Socialization

업무 경험이 많고 일이 능숙한 직원은 표현하기 어려운 지식인 암묵지를 갖고 있습니다. 경험을 공유해서 암묵지를 전달하는 과정이 공동화입니다.

2. 표출화 Externalization

암묵지를 명확한 언어이자 표현할 수 있는 지식인 형식지로 바꾸는 과정입니다.

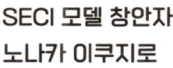

SECI 모델 창안자
노나카 이쿠지로
(히토쓰바시대학 명예교수)

SECI 모델을 이용하여 암묵지를 사내에서 공유하는 형식지로 만듭니다.

아하~

3. 연결화 Combination

형식지를 조합해서 새로운 형식지를 만들어 냅니다.

이렇게 하면 더 효율적이야.

정말이네!

4. 내면화 Internalization

표출화·연결화한 지식을 현장에서 시험하고 시도하고 습득합니다.

실제로 해보고 습득해야지.

기업 내부 상황 분석 및 변화관리

    기업의 외부 환경은 지속해서 변화하고 있으며, 이에 따라 조직도 시장 상황에 맞게 변화해야 합니다. 그러기 위해서는 자사의 내부 상황을 분석하는 것이 선행되어야 하는데 이때 **프레임워크**를 참조하면 도움이 됩니다.

    경영 컨설팅 회사인 **맥킨지**McKinsey가 개발한 7S 프레임워크 모델 분석은 하드 측면의 S 3가지와 소프트 측면의 S 4가지로 구성되어 있습니다.

    하드 측면의 S는 전략Strategy, 조직Structure, 사내 시스템 및 제도System 입니다. **소프트 측면의 S**는 공통 가치관 및 이념Shared value, 경영 스타일 및 사풍Style, 인재Staff, 기술Skill입니다.

7S 모델

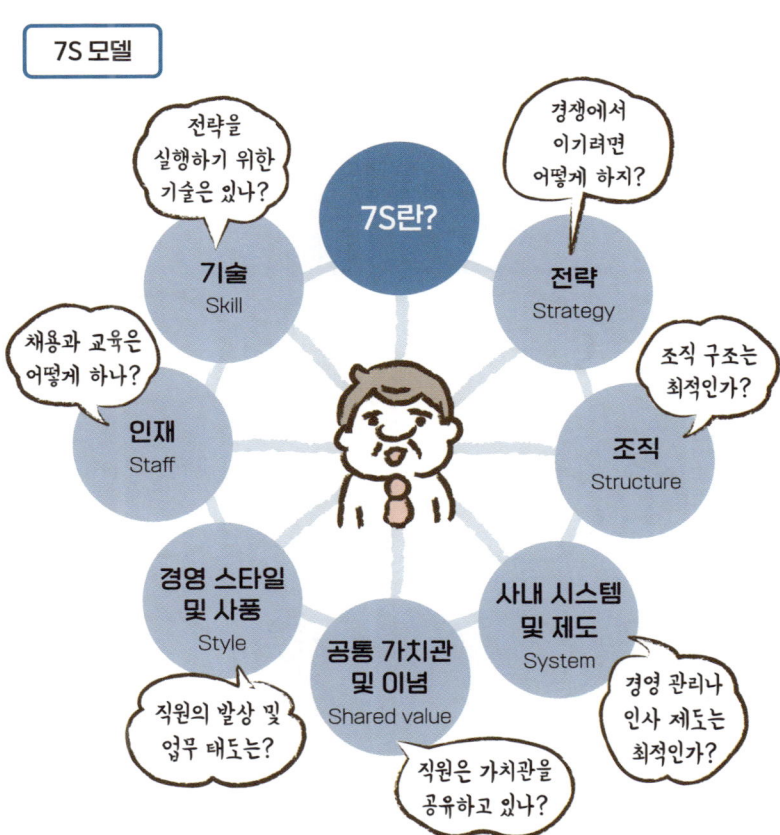

7S는 하드 측면의 전략, 조직, 사내 시스템 및 제도와 소프트 측면의 공통 가치관 및 이념, 경영 스타일 및 사풍, 인재, 기술이 유기적으로 연결되어 있습니다.

7S는 제각각 독립된 요소가 아니라 유기적으로 연결되어 있습니다. 그렇기에 하나가 바뀌면 전체가 바뀌기도 합니다. 이를테면 시장 안정 시대에서 포화 시대로 바뀌어 조직의 전략을 바꿨다고 가정해 봅시다.

하드 측면의 3S는 바꾸려고 하면 어떻게든 단기간에 바꿀 수 있습니다. 하지만 소프트 측면의 4S는 단기간에 바꾸기 어렵습니다.

경제학자 **존 코터** John P. Kotter는 기업도 시대의 변화에 따라 달라져야 한다고 주장합니다. 코터의 **변화관리** Change Management **이론**에 의하면 기업이 변화하기 위해서는 위기의식의 명확화, 강력한 변혁 추진팀의 결성, 비전 정립, 비전 공유, 권한 부여, 단기 목표 수립과 달성, 또 다른 변혁 촉진, 새로운 접근법의 정착이라는 8가지 단계를 차례대로 거쳐야 합니다.

기업이 변화할 때는 리더십이 강하게 요구되는데, 이때 규칙을 초월하는 리더십이 필요한 경우도 있습니다. 그렇기에 리더십을 발휘하려면 변화관리의 8단계를 꼭 실행해야 합니다. 기업 변혁에는 반드시 저항이나 반발이 생기기 때문에 차분히 계획을 세운 뒤 시간과 노력을 들여 사내 의사소통을 해야 합니다.

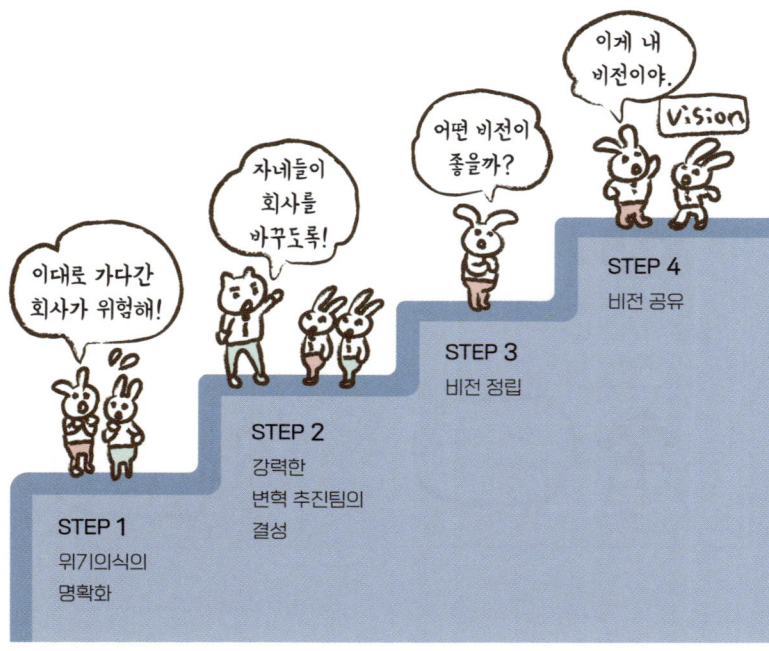

비즈니스 모델

회사를 경영할 때는 어떻게 해서 수익을 낼지 생각하는 일이 중요합니다. 회사가 수익을 내는 구조를 비즈니스 모델이라고 하는데, 간단히 말하자면 '기업의 돈벌이 구조'라고 할 수 있습니다. 기업은 이미 구축된 가치관만 고집하기보다는 타깃, 시대, 환경의 변화에 따라 새로운 비즈니스 모델을 구축해야 합니다. 이것을 **비즈니스 모델 이노베이션**Business Model Innovation이라고 하며 이를 해내지 못한 기업은 경쟁력을 잃게 됩니다. 즉, 기업은 고객, 시대, 환경에 적합한 비즈니스 모델을 구축할 수 있는 유연성이 요구됩니다.

회사가 수익을 내는 구조를 비즈니스 모델이라고 하는데,
타깃, 시대, 환경의 변화에 따라 달라집니다.

시대에 따라 비즈니스 모델은 계속 변화했습니다. 1910년대에는 **대량 생산 시스템**이 확립되어 시장이 확대되었습니다. 1920년대에는 시장 확대의 영향으로 GMS General Merchandise Store **모델**이라는 종합소매업의 비즈니스 모델이 확립됐으며, **대량 소비**의 시대가 도래했습니다.

그리고 1950년대에는 일반 대중도 컴퓨터를 이용할 수 있게 되면서 국가 간 무역 관리나 계산 처리 능력을 전제로 한 **신용카드 비즈니스**가 등장했습니다. 1990년대에는 인터넷 상용화로 틈새 상품을 폭넓게 취급해 수익화를 꾀하는 **롱테일** 전략이 출현했으며, 2010년대에는 스마트폰의 보급으로 시장이 격변하면서 시간이나 장소의 구애 없이 영상이나 음악 등의 콘텐츠를 즐길 수 있는 **구독형 모델**이 탄생했습니다.

이어서 비즈니스 모델 중 지금도 유효한 형태를 함께 살펴볼까요?

1910년대 **대량생산 시스템**	자동차 제조사가 컨베이어 벨트를 통해 가격이 저렴한 자동차를 대량 생산하여 시장을 확대했습니다.
1920년대 **GMS 모델**	대량 생산 시스템에 의한 시장 확대의 영향을 받아 미국 슈퍼마켓이 모든 일용품을 취급하게 되면서 대량 소비의 시대에 돌입했습니다.
1950년대 **신용카드 비즈니스**	일반 대중들도 컴퓨터를 이용할 수 있게 되면서 컴퓨터의 계산 처리 능력을 전제로 한 신용카드를 사용하는 비즈니스 모델이 등장했습니다.
1990년대 **롱테일 전략**	인터넷 보급으로 소비자가 원하는 니즈에 최대한 부응하는 폭넓은 상품을 취급하는 롱테일이 출현했습니다.
2000년대 **구독형 모델**	스마트폰으로 인해 시장이 격변하면서 정액 요금을 내면 영상이나 음악 등을 스마트폰으로 시간과 장소에 구애 없이 즐길 수 있는 차세대 비즈니스 모델이 탄생했습니다.

1910년대는 대량생산 시스템, 1920년대는 대량 소비 형태의 GMS 모델, 1950년대는 신용카드 비즈니스, 1990년대는 롱테일 전략, 2010년대는 구독형 모델이 탄생했습니다.

프린터기 회사의 소모품 모델

소모품 모델이란 상품의 본체를 저렴한 가격에 판매하는 대신 부속 소모품을 개별로 판매해서 누계 매출을 올리는 비즈니스 모델입니다. 지금은 많은 기업이 도입하고 있는 방법이지만 본체의 가격이 저렴한 만큼 적자를 보기도 합니다. 초기 비용이 많이 들고 개발비도 필요하기 때문에 목표로 하는 매출을 달성하지 못하면 손실이 크고, 다른 회사가 순정품과 같은 규격의 상품을 싼 가격에 출시할 수 있다는 리스크도 있습니다.

그런데도 기업이 소모품 모델을 도입하는 이유는 사용자에게 선택받기 때문입니다. 구매자가 저렴한 본체 가격에 이끌려 상품을 구입하면, 그 상품을 사용하지 않을 때까지 같은 제조사가 제공하는 소모품을 구입하게 됩니다.

'소모품 모델'은 부속 소모품을 개별로 판매해서 누계 매출을 올리는 비즈니스 모델입니다.

ⓦ 코스트코의 회원제 모델

　회원제 모델이란 가게나 사이트의 회원이 된 이용자가 상품이나 서비스의 일정 기간 이용료를 정액으로 지불하고 서비스를 받는 것으로, 회비 등으로 매월 안정된 이익을 얻는 비즈니스 모델입니다.

　회원제 모델의 장점은 회원이 서비스를 이용하지 않더라도 탈퇴할 때까지는 매월 회비를 받으며 '회원이 됐으니까 월 회비로 낸 만큼 본전을 뽑아야지, 이용하지 않으면 손해야'라고 고객이 생각하게끔 함으로써 재구매 효과를 기대할 수 있다는 점입니다. 그렇기에 회원제 모델을 채택할 때는 이용자가 돈을 지불해서라도 이용하고 싶은 마음이 들도록 서비스나 매력을 어필하여 재구매를 유도하는 일이 전제됩니다.

회원제 모델
일정액의 회비로
수익을 낼 수 있습니다.

인기상품의 매입
인기상품을 제조사에서 대량으로
싸게 매입할 수 있습니다.

코스트코는 자사 제품의
품질이 높기 때문에
음식점 등이 업무용으로
이용하는 일도 많습니다.

제조사

코스트코

회원이 됐으니까
본전 뽑으러 자주 가자!

재구매 효과
회원제 모델의 장점에는
재구매 효과가 큽니다.

자금 융통
입회금이나 상품 매출금을
먼저 수령하면 회사에서
가용하는 현금이 많아져
자금 융통이 원활해집니다.

회원제 모델은 '회원이 됐으니까 월 회비로 낸 만큼 본전을 뽑아야지' 하고
고객이 생각하게끔 하는 효과가 있어 재구매율을 올릴 수 있습니다.

회원제 모델	회원이 방문하든 안 하든 일정액의 회비가 매월 수입으로 들어오는 회원제 모델에서는 고객을 회원으로 한정해도 수익을 낼 수 있습니다.
인기 상품의 매입	코스트코의 인기 상품은 상품 품질이 좋고 가격이 저렴합니다. 인기 상품을 제조사에서 대량으로 매입하므로 대량으로 저렴하게 매입할 수 있습니다.
자금 융통	대량으로 상품을 매입하는 대신 지불 타이밍을 늦춥니다. 입회금이나 상품 매출금을 먼저 수령하면 회사에서 가용하는 현금이 많아지고 자금 융통이 원활해집니다.
재구매 효과	회원제 모델의 장점에는 재구매 효과가 절대적입니다. '회원이 됐으니까 월 회비로 낸 만큼 본전을 뽑아야지' 하고 고객이 생각하게끔 하는 효과가 있어 재구매율을 기대할 수 있습니다.

회원제 모델의 대표적인 사례인 코스트코의 인기 상품은 상품 품질이 좋고 가격도 저렴합니다. 인기 상품을 제조사에서 대량으로 매입해오므로 싸게 매입할 수 있습니다. 회비만으로도 이익이 나는 구조입니다. 또한 대량으로 상품을 매입하는 대신 지불 시기를 늦출 수 있으며, 입회금이나 상품 매출금을 먼저 수령하면 회사에서 가용하는 현금이 많아지고 자금 융통이 원활해집니다.

ⓦ 세계적 기업의 **플랫폼 전략***

플랫폼 전략은 공급자가 네트워크를 구축하고, 소비자가 시간과 공간의 제약을 받지 않고 이용할 수 있는 비즈니스 모델입니다.

　비즈니스 모델 중에는 다양한 회사와 이용자를 중개하는 장소를 마련하는 **플랫폼 전략**도 있습니다. 고객은 원하는 상품을 얻기 위해 외출하지 않아도 되며, 어디에서나 다양한 상품을 저렴하게 구입할 수 있습니다. 또한 다양한 회사들은 플랫폼 입점비가 저렴하고 고객이 많은 곳에 들어갈 수 있습니다. 이것은 세계적인 인터넷 기업인 구글, 애플, 페이스북, 아마존 등이 도입하고 있는 전략입니다.

* '플랫폼 전략'은 주식회사 네트 스트레티지NetStrategy의 등록상표이다.

ⓦ 소셜 게임의 프리미엄 모델

소셜 게임은 소셜 네트워크 게임Social Network Game을 뜻합니다. 프리미엄 모델의 사용자는 무과금 유저와 헤비 유저로 구분하는데, **무과금 유저**는 돈을 내지 않고 무료로 할 수 있는 범위에서 게임을 즐기는 유저를 말합니다. 이들은 SNS 등에서 게임을 확산시키는 방식으로 돈을 지불하지 않고도 회사의 이익에 기여하는 유저입니다. 그러나 소셜 게임의 주요 매출은 **헤비 유저**가 게임에서 사용되는 아이템을 구입하며 지불한 요금으로 조달됩니다. 이 요금은 **전자화폐**로 결제되며, 게임 내 통화나 아이템인 **확률형 아이템**Loot box을 획득하기 위해 유저는 돈을 지불합니다.

이처럼 무료 서비스를 제공하여 고객층을 폭넓게 확보하고, 일부 헤비 유저에게 사용료를 부과하여 수익을 창출하는 모델을 **프리미엄**Freemium이라고 합니다. 무료를 뜻하는 프리Free와 고급 기능에의 할증을 뜻하는 프리미엄Premium의 합성어입니다.

프리미엄 모델이 성립되는 것은 **디지털 콘텐츠**만의 장점입니다. 게임에 등장하는 카드나 캐릭터를 레벨별로 나눈 경우가 이에 해당합니다. 또한 서비스를 SNS와 연동하고 신규 유저를 불러들여 다른 사람과의 멀티플레이를 함으로써 유행을 만들어갑니다.

프리미엄Freemium은 프리Free와 프리미엄Premium의 합성어로, 무료 서비스로 고객층을 확보하고, 헤비 유저에게 사용료를 부과하여 수익을 창출하는 모델입니다.

페이스북의 오픈 전략

오픈전략은 자사의 기술을 외부에 공개하여 많은 기업이 자사에 손쉽게 애플리케이션이나 광고를 제공할 수 있도록 하는 전략입니다.

    일본에서 페이스북은 SNS 업계의 후발주자였습니다. 과거 Mixi 등이 일본 내 점유율을 쥐고 있던 시절 SNS 업계에 상륙한 페이스북이 최고의 자리를 차지할 수 있었던 비결은 오픈 전략에 있습니다. **오픈 전략**이란 자사의 광고나 애플리케이션의 개발 기술을 외부에 공개하여 많은 기업이 손쉽게 페이스북에 애플리케이션이나 광고를 제공할 수 있도록 하는 전략입니다. 그렇게 해서 매력적인 콘텐츠가 페이스북에 집중되었고, 단숨에 페이스북의 인기가 올라가는 결과로 이어졌습니다.

　페이스북의 시장 점유율이 확대된 다른 큰 요인에는 실명제 가입을 들 수 있습니다. 페이스북에 가입할 때는 반드시 실명으로 가입해야 하는데, 본명이나 소속이 명확해지고 신뢰할 수 있는 사람과만 연결되어 인터넷 특유의 익명성의 위험에서 벗어나 비즈니스에도 안전하게 이용할 수 있는 SNS라는 인식을 얻은 점도 효과적이었다 할 수 있습니다. 또한 실명 가입 덕분에 신뢰할 만한 사람으로부터 퍼져나간 입소문이나 초대로 아는 사람들과 연결되는 애플리케이션이 제공되면서 시장점유율 역시 확대되었습니다.

인터넷 쇼핑몰의 롱테일 전략

　인터넷 쇼핑을 의미하는 이커머스E-Commerce는 원하는 상품을 손쉽게 얻을 수 있으며 가게에 상품을 진열하지 않아도 되기 때문에 소비자의 구매 행동과 소매업의 판매 방식을 크게 바꾸었습니다. 이커머스의 등장으로 그다지 팔릴 기미가 보이지 않는 상품이라도 다품종을 조금씩 판매하여 이익으로 연결하는 '롱테일'이 탄생했습니다. 잘 팔리지 않는 상품이라도 대량으로 갖추면 수익이 증가하는 롱테일 기법을 이용하여 아마존은 큰 성공을 거두었습니다.

　롱테일Long Tail 기법은 잘 팔리는 상품을 공룡의 머리에, 판매량이 적은 틈새 상품을 공룡의 꼬리에 비유한 데서 유래한 용어입니다. 롱테일의 장점은 매출이 분산되기 때문에 한 상품의 인기에 수익이 좌우되지 않는다는 점입니다. 다양한 종류의 상품을 갖춰도 판매에 필요한 비용이 그다지 증가하지 않는 이커머스 물류 시스템만의 특징으로 롱테일 기법이 성립됩니다.

이커머스의 등장으로 롱테일이 탄생했어요.

아마존이 사용하는 비즈니스 모델이군요.

머리
상품의 종류를 공룡에 비유했을 때 전체의 20%를 차지하는 잘 팔리는 상품을 머리로 봅니다.

롱테일은 매출을 다수의 상품에 분산시켜요.

꼬리
판매량이 적은 다양한 틈새 상품을 긴 꼬리에 비유해서 롱테일이라는 이름이 붙여졌습니다. 꼬리는 전체의 80%를 차지합니다.

롱테일은 잘 팔리는 상품을 공룡의 머리에, 판매량이 적은 틈새 상품을 공룡의 꼬리에 비유한 데서 유래한 용어입니다.

캐릭터 사업자의 라이선스 사업

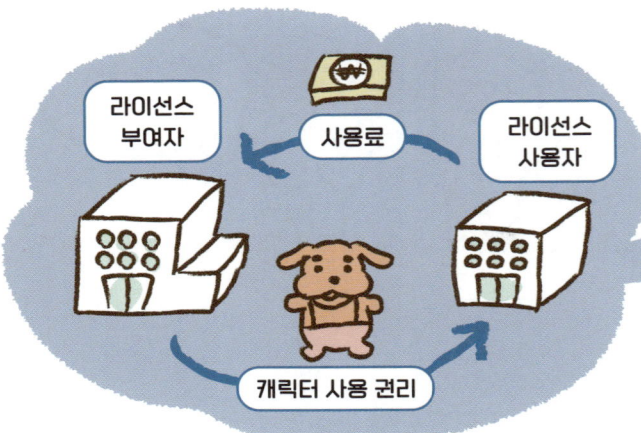

　라이선스 사업이란, 캐릭터 등의 사용권을 등록해서 다른 회사에 제공하고 그 사용료를 받는 상표 사업입니다. 캐릭터나 브랜드 등의 권리를 대여하는 **라이선스 부여자**licenser가 있으며, 그 권리에 대한 대가를 지불하는 **라이선스 사용자**licensee가 존재합니다. 라이선스 사용자는 라이선스 부여자에게 대가를 지불하고 캐릭터나 브랜드를 상품이나 서비스에 사용합니다.

　라이선스 사업의 장점은 재고를 갖지 않고도 보유하고 있는 권리를 대여하여 사용료로 수익을 얻는 점에 있습니다. 즉, 리스크 없이 큰 이익을 낼 수 있습니다. 그러나 규모가 클수록 라이선스 사용자를 모두 관리하기 어렵다는 단점도 있습니다. 그럼에도 라이선스 사업은 일부 회사에서는 매출의 대부분을 차지하기도 하는 매력적인 비즈니스 모델입니다.

라이선스 사업은 캐릭터 등의 사용권을 등록한 뒤 사용료를 받는 사업으로, 리스크 없이 큰 이익을 낼 수 있는 매력적인 비즈니스 모델입니다.

소액 투자자를 위한 크라우드 펀딩

> 기존의 크라우드 펀딩

크라우드 펀딩Crowd funding이란 불특정 다수가 인터넷을 통해 협력을 바라는 사람에게 투자의 기초 자금을 제공하는 것입니다. 최근 주목받기 시작한 크라우드 펀딩은 여태껏 본 적 없는 참신한 비즈니스 모델을 탄생시킨 계기가 됐습니다. 크라우드 펀딩은 친구에게 푼돈을 빌리는 정도로도 누구나 부담 없이 **프로젝트**를 시작할 수 있다는 이점이 있습니다. 프로젝트 개설자는 사업 심사를 거치지 않고서도 프로젝트를 만들어 돈을 모을 수 있습니다.

펀딩 참여자는 후원금이 크지 않아도 괜찮으므로 적은 금액으로 부담 없이 후원할 수 있다는 간편함이 있습니다.

최근 주목받기 시작한 크라우드 펀딩은 불특정 다수가 인터넷을 통해 협력을 바라는 사람에게 투자의 기초 자금을 제공하는 모델입니다

   그러나 한편으로는 수익이 창출되기 전의 프로젝트에 출자한다는 점이 펀딩 참여자를 주저하게 하는 장벽으로 작용하기도 합니다. 즉, 프로젝트 개설자가 제대로 프로젝트를 수행하고 있는지 불확실하며 출자해도 수익화가 불투명해 가벼운 마음으로 출자하기는 어렵습니다. 그러나 개중에는 초기 투자 리스크를 줄여주는 5,000원 이하의 금액부터도 출자가 가능한 크라우드 펀딩도 있으며, 참여자는 프로젝트 개설자로부터 금액에 상응하는 물건이나 서비스를 보상으로 받을 수 있습니다.

| 경영학 인물 FILE No. 01 | # 프레드릭 W. 테일러
Frederick Winslow Taylor |

> " 열악한 노동 환경을
> 해결하기 위해 고안된 관리법이
> 경영학의 시초가 되다 "

과학적인 생산관리의 기초를 구축

18세기 후반부터 시작된 산업혁명으로 그전까지 농촌 중심이던 사회에서 자본주의 공업 사회로 변화했습니다. 그러나 급격한 변화에 따른 공장의 열악한 노동 환경에 불만을 품은 노동자가 늘어나고 자본가와의 투쟁도 심심찮게 일어났습니다.

이러한 사회 현상을 배경으로 19세기 후반 **프레드릭 W. 테일러**가 고안한 노동자의 관리법인 '과학적 관리법'이 경영학의 시초로 알려져 있습니다. 테일러는 과학적 관리법을 통해 그전까지 혼자서 많은 공정을 담당했던 공장 노동자의 일을 분담하고 유동작업을 통해 원가를 절감하는 데 성공했습니다. 그뿐 아니라 일일 작업량, 작업의 매뉴얼화, 도급제 구축 등 오늘날 생산관리의 기초로 이어지는 이론도 테일러가 고안했습니다.

PART
02

경영전략

경영전략은 기업의 비전을 달성하기 위한 대책입니다. 이번 파트에서는 자사와 관련된 경영전략에는 어떤 종류가 있는지, 그리고 자사뿐만 아니라 타사와의 경쟁과 관련된 전략과 이때 중요하게 생각해야 할 점에 대해 다룹니다. 경영전략의 수립부터, 전략 수립을 위한 이론에 이르기까지 폭넓게 알아보겠습니다.

경영전략을 위한 사고방식

전략이란 싸우는 방법을 말합니다. 기업이 전략을 세울 때 중요한 점은 '어떤 기업이 될 것인가', '기업은 사회에 어떻게 공헌할 수 있을까'와 같은 **경영 이념**을 정립하는 것입니다. 이런 이념을 토대로 환경 변화에 대응하면서 기업이 지향하는 비전을 달성하는 데 필요한 대책을 세우는 일을 **경영전략**이라고 합니다.

경영전략은 경영자의 입장에서 생각하고, 용어나 이론을 제대로 이해한 뒤, 앞선 기업들이 어떻게 성공했는지 살펴본 후 스스로 해답을 찾아 세우도록 합니다.

경영전략을 세울 때는 경영자의 입장에서 생각하고, 용어나 이론을 제대로 이해하는 일이 중요합니다. 먼저 성공한 기업의 정보 등을 통해 '그 기업은 어떻게 성공했는지' 스스로 생각하고, 자기 나름의 해답을 찾아봐야 합니다. 그리고 자신이 회사를 경영하는 입장이라면 어떤 전략을 세울지 생각하며 전략을 수립해야 합니다. 이때 전문적인 용어나 이론을 알고 있으면 생각이나 논의를 정리하기 쉽습니다.

1. 스스로 생각한다
성공한 기업의 정보 등을 통해 '어떻게 성공했는지' 스스로 생각하고 자기 나름의 해답을 찾는 것이 중요합니다.

2. 경영자의 입장에서 생각한다
자신이 회사를 경영하는 입장이라면 어떤 전략을 세울지 생각하며 전략을 수립하는 것이 중요합니다.

3. 용어를 이해한다
스스로 생각하거나 다른 사람과 논의할 때 전문적인 용어나 이론을 알면 생각이나 논의를 정리하기 쉽습니다.

경영전략을 세울 때 이런 점을 염두에 두어야 합니다.

이렇게 수집한 정보를 스스로 분석하고, 그 정보를 토대로 전략을 수립해서 경영과제를 해결하는 행동으로 귀결시키는 사고를 **전략적 사고**라고 합니다. 그러나 기업과 관련된 정보를 완벽하게 빠짐없이 수집하려면 많은 시간이 걸릴 뿐만 아니라 기업이 처한 환경에 따라 수집하는 정보가 지니는 의미는 크게 달라집니다. 또한 경영전략을 세울 때는 정보의 홍수 속에 빠져 허우적대지 않도록 주의해야 합니다.

정보를 분석하고, 그 정보를 토대로 전략을 수립해 경영과제를 해결하는 사고법을 '전략적 사고'라고 합니다.

이때 단기간에 전략을 세우는데 효과적인 방법이 **가설사고**입니다. 이것은 가설의 결론을 먼저 도출한 다음 정보를 수집하여 가설을 검증해나가는 사고법입니다. 물론 가설이기에 틀릴 가능성도 있습니다. 하지만 오류를 수정하고 새로운 가설을 구축해서 정보를 모아 검증하는 과정을 반복함으로써 단기간에 더 효율적으로 해결책을 마련할 수 있으며, 업무의 정확성도 높아집니다. 이런 장점으로 인해 가설 사고는 경영전략 수립을 할 때 필요한 사고방식입니다. 그렇다면 가설은 어떻게 세우면 될까요?

가설사고란 가설의 결론을 먼저 도출한 뒤 정보를 수집해 검증해나가는 사고법입니다.

가설을 세울 때는 '귀납법'과 '연역법'이 있습니다.

귀납법은 몇 가지 사실이나 정보에 따라서 예측적 해답인 가설을 구축하는 방법으로, 결과가 추론되지 않도록 주의해야 합니다. **연역법**은 전제나 사실에 따라 논리를 전개한 뒤 마지막에 가설을 도출하는 방법으로, 귀납법에 비해 경영진이 자주 사용하는 방법입니다. A니까 B, B니까 C처럼 순차적으로 논리를 세워 가설을 도출하는 방법이므로 도중에 논리가 하나라도 어긋나면 올바른 가설에는 도달하지 못합니다.

이 두 가지 방법을 이용해 가설을 세운 다음, 근거가 될 만한 항목을 분석해서 정보를 수집하여 전략을 짭니다.

귀납법은 몇 가지 사실이나 정보에 따라서 예측적 해답인 가설을 도출하고, 연역법은 대전제와 소전제에 따라 논리를 전개한 뒤 가설을 세우는 방법입니다.

그러나 아무리 그럴싸한 가설이라도 논리적으로 어떻게 그 가설에 도달했는지 설명할 수 있어야 합니다. 즉, 가설을 구축한 뒤에 그 가설이 옳은 까닭을 증명할 필요가 있으며 '어떻게 그 가설에 도달했는지'의 증거가 되는 사실이나 데이터 등이 뒷받침돼야 합니다. 논리적으로 설명할 수 없다면 가설은 그저 단순한 아이디어에 불과합니다. 이렇게 전달하고 싶거나 표현하고자 하는 바를 상대에게 전하는 데 필요한 사고법이 **논리적 사고**입니다.

논리적 사고는 가설을 구축한 후 그 가설이 옳은지 근거를 제시하기 위해 수집한 사실이나 데이터를 가설과 연관시키기 위한 사고법이며 이는 가설이 옳은지 증명하려는 목적뿐만 아니라 스스로 생각을 정리하기 위해서도 필요합니다. 실제로 근거 제시가 가능하다면 큰 영향력을 발휘해서 주위 사람을 설득할 수 있으므로 논리적 사고는 중요한 사고법입니다.

1. 논리적 사고

논리적 사고 이후에는 가설을 토대로 수집할 정보가 무엇인지 조사한 다음 정보를 수집합니다. 이때 검증해야 할 정보별로 분류하는 것이 중요합니다.

정보를 정리할 때는 횡적 관계 차원에서의 관점과 종적 관계 차원에서의 관점을 갖고 수행합니다. 참고로 정보의 누락이나 중복, 차이가 없는지를 판단하는 일이 횡적 관계 차원에서의 정보정리이며, 정보를 토대로 어떻게 할 것인가를 판단하는 일이 종적 관계 차원에서의 정보정리입니다.

가설을 단순한 아이디어로 끝내지 않으려면 논리적 사고를 습득하는 편이 좋습니다. 논리적 사고는 선천적으로 타고나는 능력이 아니라 누구나 훈련을 통해 습득할 수 있습니다.

논리적 사고는 가설을 세운 뒤, 수집한 사실이나 데이터를 가설과 연관시키는 사고법입니다.

경영전략 학파의 계보

경영전략에는 주로 네 종류가 있습니다. 기업에서 사용하는 전략은 플래닝planning 학파로 불리는 **전략계획 학파**와 이머전트Emergent 학파로 불리는 **창발적전략 학파**로 분류할 수 있습니다. 전략계획 학파는 현장이 경영진이 수립한 전략에 따라야 한다는 이론입니다. 한편 창발적전략 학파는 현장이나 중간 관리자가 상황에 맞게 전략을 구상하고 경영진과의 상호작용을 통해 전략을 수립해야 한다는 이론입니다.

전략계획학파는 다시 **포지셔닝**Positioning **학파**와 **자원기반**Resource-based **관점**으로 나뉩니다. 포지셔닝 학파는 업계별 수익성에 맞춰 수익이 좋은 업계에서 우위를 차지하는 것을 전략으로 하는 이론입니다. 그리고 자원 기반 관점은 사람과 조직에 뿌리내린 강점이야말로 가장 모방하기 어렵다고 판단해 기업 자체의 역량을 살려 경쟁해야 한다는 이론입니다. 최근에는 급격한 기업 환경의 변화에 따라 만들어진 최신 전략론도 존재합니다.

전략계획 학파	최고 경영진의 사전 계획을 토대로 전략을 수립하는 이론으로, 경영진의 결정에 따라야 합니다.
창발적전략 학파	경영진과 현장 직원이 상황에 맞게 상호작용해서 전략을 수립해야 한다는 이론입니다.
포지셔닝 학파	수익이 좋은 업계에서 우위를 차지하기 위한 전략입니다.
자원기반 관점	기업의 역량을 최대한 활용해서 경쟁사와 경쟁해야 한다고 주장합니다.

경영전략에는 경영진이 수립한 전략에 따라야한다는 전략계획 학파와 중간관리자가 경영진과의 상호작용을 통해 전략을 수립하는 창발적전략이 있습니다. 전략계획학파는 포지셔닝 학파와 자원기반 관점으로 나뉩니다.

경영전략의 분류

기업은 경쟁사와 경쟁하며 기업 스스로 객관적이고 정확하게 상황을 파악해야 합니다. 이때 경영전략을 수립하여야 하는데, 크게 '전사 전략', '사업 전략', '기능별 전략'으로 구분할 수 있습니다.

전사 전략은 기업 전체의 전략을 말하며 사람, 물건, 돈 같은 자원을 어떻게 활용해서 다른 기업과 경쟁할지 결정하는 것으로 어떤 시장에서 경쟁할지, 어떤 사업을 주력으로 할지 생각합니다. 어느 시장에서 경쟁할지, 자원을 어떻게 배분할지처럼 회사 전체의 방향성을 정할 때 이용하는 전략입니다.

사업 전략은 기업이 운영하는 개별 사업이 경쟁사와 어떻게 경쟁할지 정하는 전략입니다. 즉, 신규 사업을 비롯한 개별 사업을 어떻게 내세워서 경쟁사와 경쟁해나갈지 구상하는 전략입니다.

기능별 전략은 기업에 존재하는 다양한 조직 또는 기업이 보유하고 있는 기능별로 각각의 전략을 수립하는 방법입니다. 기능별 전략에는 마케팅 전략, 기술 전략, 생산 전략, 재무 전략 등이 있습니다.

기업이 경영전략을 실행할 때 이 세 가지 전략을 일관적으로 유지하는 일이 중요한데, 그전에 기업의 현재 상태를 객관적으로 정확하게 파악하여 올바른 전략을 구축하는 일이 전제됩니다.

경영전략은 전사 전략, 사업 전략, 기능별 전략으로 구분할 수 있습니다.

₩ 전사 전략

　전사 전략의 수립은 사업의 영역을 설정하는 일부터 시작됩니다. 이때 기업의 역량을 가장 잘 발휘하고 미래에도 성장 가능성이 있는 영역을 발굴하는 것이 중요합니다. 사업영역은 다각적으로 설정하게 되는데, 누구를 대상으로 할지 고려하는 고객 축, 어떤 기술을 활용할지 고려하는 제품·기술 축, 어떤 기능을 고객에게 제공할지 고려하는 기능 축으로 이뤄집니다.
　이 세 가지 요소로 전략을 구축하려면 사업을 다각적인 관점에서 분석할 필요가 있습니다.

전사 전략은 누구를 대상으로 할지 고려하는 고객 축,
어떤 기술을 활용할지 고려하는 제품·기술 축,
어떤 기능을 고객에게 제공할지 고려하는 기능 축 등으로 구축합니다.

실제로 많은 기업에서 경영전략을 세우기 위해 3C 분석을 이용해 기업 내외부 환경을 분석합니다. **3C 분석**이란 시장·고객Customer, 경쟁사Competitor, 자사Company의 세 가지 관점에서 기업의 현상을 분석하는 기법으로, 시장·고객과 경쟁을 외부 분석, 자사를 내부 분석 대상으로 하여 외부에서 내부의 순서로 분석해나갑니다.

먼저 시장·고객의 관점에서 사업에 어떤 잠재 고객이 존재하는지를 파악하는데, 사업의 시장 규모, 시장 성장성과 더불어 구매 결정자와 구매 행동을 일으키는 요인을 분석하여 고객이 어떤 니즈를 가졌는지 알아봅니다.

다음으로 경쟁사의 관점에서 경쟁사 수, 진입 장벽 정도, 타사의 강점과 약점, 특징이나 실적 등 경쟁사를 분석합니다. 그리고 시장·고객, 경쟁을 분석한 후에 이를 바탕으로 자사의 관점에서 강점과 약점, 경영 자원 유무, 현상 등을 분석하며 이 세 가지 분석 결과를 토대로 성공 요인을 도출합니다.

3C 분석이란 시장·고객, 경쟁사, 자사의 관점에서 기업의 현상을 분석하는 기법으로 이 결과를 토대로 성공 전략을 세웁니다.

기업이 사회의 변화에 대응하여 경영전략을 세울 때는 내부 환경뿐만 아니라 외부 환경의 변화도 파악해야 합니다. 외부 환경을 파악하는 데 사용되는 거시환경 분석법인 **PEST 분석**은 정치Politics, 경제Economy, 사회Social, 기술Technology의 네 가지 관점에서 회사에 영향을 미치는 외부 환경을 분석하는 대표적인 방법입니다.

사회의 변화는 경영 상황을 좌우하기 때문에 반드시 분석해야 하며, 환경 변화에서 업계의 성공 요인을 찾아내면 다음에 수립해야 할 전략이 보일 가능성이 커집니다. 출생률이나 사망률 등 인구 동태가 급변하지 않는다는 전제하에서 PEST 분석을 이용해 외부 환경을 파악해야 합니다.

PEST 분석

Politics 정치	비즈니스와 관련된 각종 정책, 업계 관련 법규, 환경, 외교 등을 분석합니다.
Economy 경제	경제 동향, 물가 변동, 금리, 실업률 등을 분석합니다.
Social 사회	인구 동태, 문화의 변천, 여론 등을 분석합니다.
Technology 기술	신기술 개발, 투자 동향 등을 분석합니다

PEST 분석에서 P는 정치, E는 경제, S는 사회, T는 기술을 가리킵니다.
이 네 가지 관점에서 회사에 영향을 미치는 외부 환경을 분석합니다.

한편, 내부 환경의 측면에서 자사의 강점을 파악하기 위한 방법으로는 **핵심역량**Core Competence 분석이 있습니다. 핵심역량은 기업이 보유한 압도적으로 뛰어난 강점을 말하며, '기업의 중심이 되는 힘', '능력을 발휘하기 위한 경제 자원'을 의미하기 때문에 **모방 불가능성**, **확장 가능성**, **대체 불가능성**, **희소성**, **지속성**을 충족한다면 핵심역량이라고 할 수 있습니다.

이를테면 기술 개발력이나 조직 전체에서 정립된 공통 가치관 등도 이에 해당합니다. 하지만 강점이라 할 수 있는 요소는 시장 환경이나 사회 환경의 변화에 따라 변하고, 강점으로 굳어지면 진부해지기도 하므로 항상 유효성을 재검토해야 합니다.

1. 모방 불가능성
기술이나 특성을 쉽게 따라 할 수 있는지를 봅니다. 모방 불가능성이 높으면 경쟁 우위성이 높아집니다.

2. 확장 가능성
한 기술을 다른 제품이나 분야에 응용할 수 있는지를 봅니다.

3. 대체 불가능성
기술이나 제품이 다른 회사에는 없는 유일무이한 특성을 가지고 있으며 대체할 수 없는지를 봅니다.

4. 희소성
모방 불가능성이나 대체 불가능성이 높은 기술 혹은 제품인지, 얼마나 희소가치가 있는지를 봅니다.

5. 지속성
특정 기술이나 특성이 장기간 경쟁에서 우위를 차지하고 있는지를 봅니다. 브랜드 파워처럼 오랜 세월에 걸쳐 쌓인 것이 이에 해당합니다.

사업을 둘러싼 내부 환경과 외부 환경을 함께 파악할 수 있도록 하는 'SWOT 분석'과 '크로스Cross SWOT 분석'도 있습니다.

SWOT 분석은 기업의 강점Strengths과 약점Weaknesses, 외부의 기회Opportunities와 위협Threats이라는 네 가지 카테고리에서 요인을 분석하고 사업을 둘러싼 환경 변화에 대응하여 경영 자원을 가장 적합하게 활용하는 방법을 분석하는 전략 수립 방법입니다. 단, SWOT 분석은 분석 그 자체가 목적이라기보다 어디까지나 전략 수립을 위한 도구로 바라봐야 합니다. SWOT 분석을 하고 난 뒤에는 크로스 SWOT 분석을 합니다.

크로스 SWOT 분석이란, SWOT 분석에서 도출한 외부 환경인 기회와 위협을 강점 × 기회, 약점 × 기회, 강점 × 위협, 약점 × 위협과 같이 네 가지 영역으로 나눠 생각하고 전략 수립을 위한 실행으로 옮기는 분석 방법입니다. 내외부 환경을 더 구체적으로 분석함으로써 기업의 현상을 더욱 명확히 파악할 수 있습니다.

사업 전략

회사를 경영할 때는 자신의 회사가 어느 업계에서 경쟁할지, 그 업계는 수익성이 좋은지 등 사업 분야에 대해서 조사할 필요가 있습니다. 다시 말해, 기업을 경영하고자 한다면 사업 전략으로 어느 사업 분야에서 경쟁해야 이길 수 있을지부터 파악해야 합니다.

업계를 조사할 때는 기존 경쟁자, 공급자의 교섭력, 구매자의 교섭력, 대체재의 위협, 신규 진입의 위협이라는 다섯 가지 요인을 기준으로 분석해 주력 사업 분야를 정해야 합니다. 이를 위한 분석 도구를 **5포스 분석** Five Forces Analysis이라고 합니다.

먼저 기존 경쟁자와 관련해서 같은 업계 내에서 영향력이 있는 경쟁사를 조사합니다. 공급자의 교섭력에서는 제품의 기초가 되는 부품이나 생산물을 공급하는 회사를 조사하고, 구매자의 교섭력에서는 제품이나 서비스를 구입하는 고객의 영향력을 검토합니다. 대체재의 위협에서는 대체품을 취급하는 회사가 있는지 알아보며, 신규 진입의 위협에서는 향후 그 업계에 진출하려는 회사가 있는지 확인합니다. 다섯 가지 요인에서 각각의 요인이 강할수록 경쟁이 치열하다는 의미입니다.

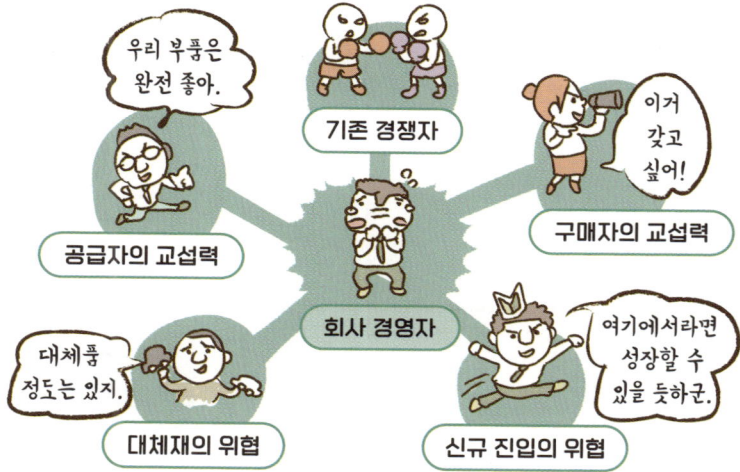

기존 경쟁자	업계 내 경쟁사가 얼마나 있는지 조사해야 합니다.
공급자의 교섭력	제품의 기초가 되는 부품이나 생산품을 공급하는 회사의 영향력이 클수록 공급자에게 유리해집니다.
구매자의 교섭력	제품이나 서비스를 구입하는 고객의 영향력이 강할수록 구매자에게 유리해집니다.
대체재의 위협	자사 제품의 대체품에 해당하는 제품을 취급하는 기업이 있는지 조사합니다.
신규 진입의 위협	향후 그 업계에 새로 진출하려는 회사가 진입하기 쉬운지 확인합니다.

5포스 분석은 기존 경쟁자, 공급자의 교섭력, 구매자의 교섭력, 대체재의 위협, 신규 진입의 위협을 기준으로 조사합니다.

어떤 업계에서 경쟁할 것인지 판단하였다면 다음은 사업이 수익성 있는가를 판단할 차례입니다. 사업이 수익을 창출할지 아닐지는 수익성이 좋은 업계를 '경쟁 요인 수'와 '경쟁 우위성 구축 가능성'이라는 두 가지 축을 기준으로 네 가지 유형으로 분류한 **어드밴티지 매트릭스**Advantage Matrix라는 방법을 이용해서 분석합니다.

이 이론은 사업성을 수익성이 높지만 차별화가 어려운 **분산형**, 수익성이 낮고 차별화도 어려운 **성장 정지형**, 수익성이 높고 차별화를 도모할 수 있는 **특화형**, 수익성은 낮지만 사업 규모로 차별화를 도모하는 **규모형**으로 분류합니다. 전문성이 높아 우위성을 획득하기 쉬운 특화형이나 타사와의 차별화를 도모할 수 있는 규모형은 이익을 내는 사업이지만, 경쟁 요인이 많고 우위성 획득도 어려운 분산형과 어느 쪽으로도 효과를 내지 못하는 성장정지형은 이익을 내기 어려운 사업입니다.

높음

그러나 기업이 안정적으로 성장하기 위해서는 수익성뿐만 아니라 경영하는데 반드시 따라오는 리스크Risk 또한 관리할 수 있어야 합니다. 또한 리스크는 아예 없앨 수 없으므로 최대한 증가하지 않도록 관리하며 분산해야 합니다. 이때 경영상 리스크를 분산하는 데 도움이 되는 방법은 **다각화 전략**입니다. 사업을 다각화해서 새로운 수입원을 확보하고 수익원이 여러 개가 되면 리스크가 분산됩니다. 특히 본사업의 연장선에 있어 상승효과가 기대되는 사업이라면 다각화를 검토해 볼 여지가 있습니다.

다각화에는 대표적으로 **수평적 다각화**, **수직적 다각화**, **집중형 다각화**, **집성형 다각화** 같은 네 가지 방식이 있습니다.

수평적 다각화	기업이 보유한 기술을 활용해서 지금껏 대상으로 해왔던 시장과 유사한 시장에 신제품을 출시하는 전략. '슈퍼마켓 회사가 편의점을 운영', '일반 승용차 제조사가 트럭을 제조'하는 경우를 예로 들 수 있습니다.
수직적 다각화	제품 부품을 제조하는 회사가 완제품 제조까지 직접 하는 등 생산 기술과의 관련성은 낮지만, 지금까지 공급 대상으로 해왔던 시장에 신제품을 출시하는 전략. '섬유 제조회사가 의류업에 진출'하는 경우가 이에 해당합니다.
집중형 다각화	기존 생산 기술을 활용해서 새로운 제품을 개발하고 다른 시장에 투입하는 전략. '디지털카메라 렌즈를 의료기기에 씀', '텔레비전에서 자동차 내비게이션 시장으로 진출'하는 경우가 이에 해당합니다.
집성형 다각화	기존 생산 기술이나 시장과 관련 없는 다른 사업 분야로 진출하는 전략. '편의점이 ATM 수수료를 얻기 위해 은행 사업에 진출'하는 경우 등이 있습니다.

경영상 리스크를 분산하는 방법으로
수평적 다각화, 수직적 다각화, 집중적 다각화, 집성형 다각화 등
4가지 전략이 있습니다.

기업은 한정된 자원을 바탕으로 사업을 진행합니다. 그렇기에 한정된 자금을 얼마나 효과적으로 배분할 수 있는가가 다각화의 열쇠가 되는데, 자금을 배분하는 대표적인 방법에는 **PPM**이라 불리는 **제품 포트폴리오 관리**Product Portfolio Management가 있습니다.

P 제품 Product
P 포트폴리오 Portfolio
M 관리 Management

제품 포트폴리오 관리는 미국의 컨설팅 회사인 보스턴컨설팅그룹 Boston Consulting Group이 개발한 분석 도구로, 시장 점유율과 시장 성장률의 관점에서 사업이 처한 상황을 스타, 캐시카우, 물음표, 개로 분류합니다.

스타는 시장 점유율과 시장 성장률 모두 높은 사업, **캐시카우**는 성장률은 낮지만 점유율이 높은 사업, **물음표**는 시장 점유율은 낮지만 성장률이 높은 사업, **개**는 둘 다 낮아 패배가 기정사실화된 사업을 가리킵니다. 캐시카우에서 얻은 자금을 스타의 유지와 향후 성장이 기대되는 물음표에 투자합니다.

이처럼 사업 분야를 점유율과 성장률이라는 두 개의 축을 기준으로 네 가지로 분류하는 제품 포트폴리오 관리는 간단하고 알기 쉽지만, 사업 전략이라고 부르기에는 너무 단순하다는 비판을 받기도 했습니다.

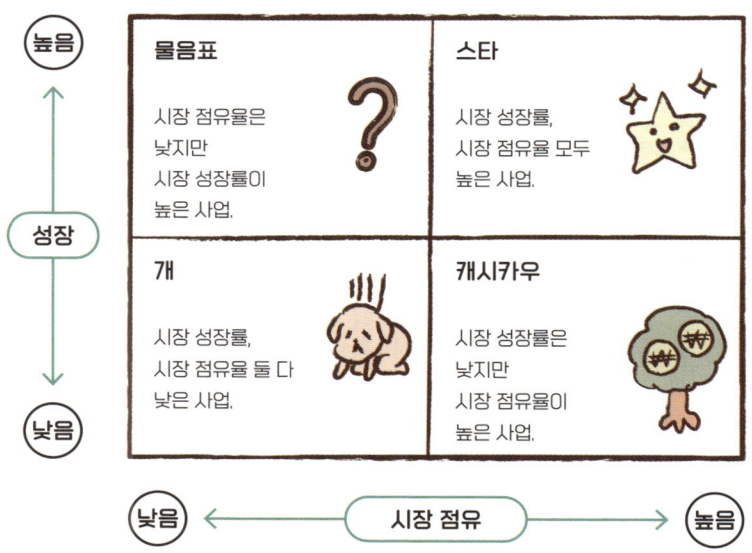

캐시카우에서 얻은 자금은 시장 점유율과 시장 성장률 모두 높은 스타의 유지와 향후 성장에 기대되는 물음표에 투자합니다.

🆆 기능별 전략

앞서 '전사 전략' 및 '사업 전략'이 기업 차원의 거시적 관점에서 시장 경쟁 전략을 수립하는 일이었다면, **기능별 전략**은 기업이 경쟁에서 이기기 위해 **마케팅 전략, 기술 전략, 생산 전략, 재무 전략** 등 각각의 기능들을 어떻게 해야 할 것인지 전략을 수립합니다.

생산 측면에 있어서 기능별 전략 중의 하나는 **원가 우위 전략**Cost Leadership Strategy입니다. 원가 우위 전략은 다른 경쟁사보다 낮은 원가를 실현하여 경쟁 우위를 확보하는 전략으로, 원가를 낮춰 가격 결정권을 손에 쥐는 것이 목적입니다. 원가를 낮추면 이익이 커지고 경쟁사에 비해 저

원가 우위 전략

> 그 회사는 얼마에 팔고 있지?
>
> 30,000원입니다.
>
> 그렇다면 우린 25,000원에 팔도록 하지!
>
> 더 많이 생산할 테니까 어떻게든 싸게 안 될까요?
>
> 안 되는 건 아니지만…. 알겠습니다!

1. 타사 분석
타사의 상품보다 낮은 가격으로 제공할 수 있는지 분석합니다. 모든 생산 공정에서의 비용 삭감을 고려하고 타사와 동일한 품질로 상품이나 서비스를 제공할 수 있도록 전략을 세웁니다.

렴한 가격에 상품이나 서비스를 제공하기도 가능합니다. 단, 단순히 판매 가격을 인하하는 **저가 전략**과는 비슷한 듯하지만 다른 방식이기 때문에 주의가 필요합니다.

　원가 우위 전략은 우선 타사의 상품보다 낮은 가격으로 제공할 수 있는지 분석합니다. 모든 생산 공정에서의 비용 삭감을 고려하고 타사와 동일한 품질로 상품이나 서비스를 제공할 수 있도록 전략을 세웁니다. 그리고 제품을 대량으로 싸게 팔기 위해 재료 원가 절감이나 생산 공정의 효율화를 진행합니다. 자금력이 뛰어난 대기업에는 유리한 전략이지만 자금원이 적은 중소기업은 어려운 상황에 직면하게 됩니다.

　이렇게 평균 수준의 제품 사양이지만 원재료를 싸게 매입해 원가를 낮춤으로써 싸게 팔아도 이익이 되는 전략을 실현합니다. 만약 경쟁사를 압도하는 **원가 절감**을 실현해서 경쟁사가 사업에서 철수하고 나면 차후 가격을 인상해 더 많은 이익을 얻을 수 있습니다.

2. 원가 절감
제품을 대량으로 싸게 팔기 위해 재료 원가 절감이나 생산 공정의 효율화를 진행합니다. 자금력이 뛰어난 대기업에는 유리한 전략이지만 자금원이 적은 중소기업은 어려운 상황에 직면하게 됩니다.

3. 원가 절감 실현
원재료를 싸게 매입해 원가를 낮춤으로써 평균 수준의 제품 사양으로 상품을 만들어 싸게 팔아도 이익이 되는 전략을 실현합니다.

4. 경쟁사 철수
경쟁사를 압도하는 원가 절감을 실현해서 경쟁사가 사업에서 철수하고 나면 가격 인상을 해 이익을 더 많이 얻을 수 있습니다.

경쟁에서 이기기 위한 또 다른 방법으로 **차별화 전략**도 있습니다. 차별화 전략은 경쟁사에는 없는 기업 고유의 제품·서비스로 차별화를 꾀하는 전략으로 다양한 분야에서 적용할 수 있으며 항상 차별화를 염두에 둘 필요가 있습니다. 세상에 없는 유일무이한 상품을 만들면 높은 이익을 기대할 수 있겠지만, 만약 업계 최고 기업이 자사의 제품이나 서비스를 모방하면 금세 시장 점유율을 뺏길 수 있습니다. 다음과 같이 다양한 차별화 전략이 있습니다.

브랜드 파워나 이미지 파워, 기업 고유의 제품이나 서비스를 얼마나 발굴하였는가가 차별화 전략의 성공을 결정짓습니다. 그리고 그들만의 강점을 어떻게 고객에게 어필할지도 고려해야 할 중요 포인트입니다. 아무리 좋은 기술이나 매력이 있어도 그것을 어필하는 방법이 잘못되면 차별화 전략이 성공했다고 볼 수 없습니다.

차별화 전략

1. 디자인
보통 시각을 통해 많은 정보를 얻기 때문에 디자인의 차별화는 '타깃 고객의 마음을 움직인다'는 점에서 효과적인 전략입니다.

2. 상품의 질
식품이라면 원재료를 국산으로 한정하거나 원재료의 질을 높여 '고급 이미지를 가진' 브랜드를 확립할 수 있습니다.

3. 서비스
음식점은 다양한 메뉴나 상품을 판매하고, 편의점은 실내 인테리어에 신경 쓰며 '즉석 푸드 코너'에 충실을 기하는 등 다양한 서비스로 차별화를 꾀합니다.

4. 기술력
타사가 만들어 낼 수 없는 유일무이한 상품을 개발해서 차별화를 꾀하는 전략이 있습니다. 우수한 기술력을 강점으로 한 차별화입니다.

기업이 목표로 하는 소비자 타깃을 좁혀 시장에서 경쟁하는 '집중화 전략'도 있습니다. **집중화 전략**에는 특정 제품의 원가를 집중적으로 줄이는 **원가 집중**과 특정 제품을 철저히 차별화하는 **차별화 집중**의 두 종류가 있습니다. 앞서 설명했던 '원가우위 전략' 및 '차별화 전략'과 더불어 고객의 범위를 축소하거나 지역을 한정해서 원가 삭감이나 차별화를 꾀하는 방법입니다. 집중화 전략에는 타깃층, 제품 속성, **제품 라인 한정** 같은 전략들이 있습니다.

집중화 전략

1. 타깃층
일본 의류 체인점인 시마무라*는 '20~50대 주부층'을 대상으로 하여 상품 가격이나 원가를 줄여 이익을 얻습니다.

　* **역자 주** : 비슷한 예로 한국에서 '탑텐'을 들 수 있는데 탑텐은 타깃층을 10~20대로 설정하고 타깃층이 구매할 만한 합리적인 가격과 SNS 마케팅 등을 적극 활용하여 성장을 거듭하고 있다.

그렇다면 원가 우위 전략과 차별화 전략을 동시에 실시하면 더 좋은 전략이 되지 않을까 생각하는 사람도 분명히 있을 것이고, 최근에는 이 두 가지 전략을 동시에 실시하는 기업도 존재하긴 합니다. 그러나 이 두 전략은 상반된 관계에 있기에 동시에 두 전략을 실시하면 이도 저도 아니게 되어버릴 가능성이 있습니다.

2. 제품 속성
소비자의 니즈에 맞추거나 개별 주문을 받아 제작하는 전략입니다. 대표적인 예로 미국의 컴퓨터 제조업체 델DELL이 있습니다.

3. 제품 라인 한정
미국의 패스트푸드 기업인 KFC는 경쟁사인 맥도날드와의 경쟁을 피하고자 '프라이드치킨' 시장에 집중했습니다. 이처럼 제품 라인을 한정하는 방법도 있습니다.

    전략을 수립하고 실행으로 옮기면 전략이 제대로 진행되는지, 개선점은 없는지 다시 한번 검토하는 작업을 해야 합니다. 그 방법으로 'PDCA'가 있습니다. **PDCA**는 계획Plan, 실행Do, 평가Check, 개선Action의 첫 글자를 딴 용어로 전략이 성공했는지 알아보는 과정입니다. 먼저 경영전략 계획을 세우고 실행으로 옮깁니다. 전략을 실행한 다음, 어떻게 됐는지 평가하고 개선책을 마련해 그것을 실행해 가는 네 단계의 과정을 되풀이하면서 계획한 전략을 성공으로 끌어냅니다. 참고로 이 과정은 개인의 업무에도 응용할 수 있습니다.

Plan 계획	현상을 파악하고 월간 매출 목표나 목적, 스케줄 등 구체적인 행동 지침을 정합니다.
Do 실행	세운 계획을 실천합니다. 각 부문이나 부서에서 실시하고 그 효과를 기록합니다.
Check 평가	실적을 평가합니다. 데이터를 이용해서 목표를 달성했는지 확인하고 계획과 실적을 다시 검토하여 문제점과 과제를 명확히 합니다.
Action 개선	평가를 토대로 문제점에 대한 개선책을 검토합니다. 재발 방지책을 마련하거나 시스템을 조정해서 다음에 활용합니다.

PDCA는 경영전략이 성공했는지 알아보는 과정입니다.

| 경영학 인물 FILE No.02 | 마이클 E. 포터
Michael Eugene Porter |

> "
> 경제학적인 시선으로
> 경영학의 중심 이론을 구축한
> 공로자
> "

경영학의 사상에 변화를 가져온 이론

마이클 E. 포터는 전략론의 이론 체계를 만든 인물로 평가됩니다. 필립 코틀러는 과거의 이론을 토대로 마케팅을 학문으로 승화시켰지만 포터는 독자적인 이론을 바탕으로 경영전략을 학문 체계로 발전시켰습니다.

포터의 전문 분야는 경제학입니다. 어떻게 하면 완전 경쟁이 달성되는지에 대해 연구했는데, 그것을 응용해서 회사가 이익을 올리기 위한 구조를 경영전략으로 재구축했습니다. 이것을 5포스 분석이라고 합니다.

이전까지의 경영학이 '회사를 어떻게 효율적이고 원활하게 운영할까'에 초점을 둔 학문이었다면 포터의 5포스 분석은 '어떻게 이익을 낼까'라는 경제학적인 시선으로 이론을 전개합니다. 이로써 경영학의 사상적 변화가 초래됐습니다.

PART 03

생산 및 재무관리

지금까지 기업들은 상품을 제작하는 효율적이고 효과적인 생산 공정을 고안해 냈으며, 생산 공정 전체를 관리하는 방법을 아는 것은 경영에 있어 중요한 요소로 자리 잡고 있습니다. 또한 좋은 아이디어가 떠올라 성공으로 향하는 길이 보였다고 해도 그것을 실행하는 데는 자금이 필요합니다. 이번 파트에서는 생산관리부터 자금을 조달하고 재무를 관리하는 방법에 이르기까지를 다룹니다.

규모의 경제와 범위의 경제

　물건을 많이 만들수록 한 개를 제작하는 데 필요한 원가는 내려갑니다. 가령 어떤 공장에서 케이크를 만든다고 가정해 봅시다. 지금까지 하루에 1만 개 정도 만들던 케이크를 2만 개로 생산 수량을 늘렸습니다. 재료비는 늘어나지만 같은 공장에서 만들기 때문에 임차료와 시설비는 그대로입니다. 또한 직원 수 역시 그대로이므로 인건비도 이전과 같습니다. 즉, 비용 중에서 재료비만 증가할 뿐, 그 외의 임차료, 시설비, 인건비에는 변화가 없습니다.

　이처럼 생산량의 증가에 따라 함께 증가하는 비용을 **변동비**, 증가하지 않는 비용을 **고정비**라고 합니다. 또한 이렇게 대량생산을 함으로써 상품 한 개의 원가가 내려가는 것을 **규모의 경제**라고 합니다. 생산을 많이 하게 될 때 변동비가 증가해도 고정비는 그대로이므로 하나를 제작하는 데 따르는 원가는 내려가게 됩니다.

케이크 공장의 예시에서 고정비 총액은 1,100만 원(=임차료 100만 원 +시설비 500만 원+인건비 500만 원)입니다. 만약 케이크 판매 개수가 1만 개라면 케이크 한 개의 고정비는 1,100원입니다. 이때의 고정비는 판매된 개수와 관계없이 1,100만 원이므로, 케이크 판매 개수가 2만 개로 증가한다면 케이크 한 개의 고정비는 절반으로 줄었다고 말할 수 있습니다.

이렇게 규모의 경제를 이루는 대량생산 방식은 미국의 자동차 회사인 포드가 1910년대부터 실시한 **포드 시스템**에서 시작되었습니다. 포드 시스템은 간단히 말하면 컨베이어 벨트를 이용한 유동 작업입니다. 공정을 세분화하고 작업을 단순화하면서 작업 시간을 대폭 단축했습니다. 미숙련자도 할 수 있는 일이기 때문에 인건비도 낮아졌고, 제품의 품질도 일정한 수준으로 유지됐습니다. 하지만 포드 시스템을 유지하려면 대규모 생산 라인이 필요하기 때문에 큰 비용이 든다는 단점이 있습니다.

장점	• 작업 시간이 단축된다. • 작업이 단순해서 인건비도 내려간다. • 숙련자가 아니라도 작업이 가능하고 품질이 일정하게 유지된다.
단점	• 대규모 생산 라인이 필요하고 돈이 든다. • 작업이 느린 사람에게 맞춰야 하므로 손이 비는 사람이 생긴다.

대량생산 시스템 이후, 다품종 소량 생산 방식의 상품이 요구되면서 등장한 것이 **셀 생산 방식**입니다. 셀 생산 방식에서는 셀이라고 불리는 U자형 작업대에서 소수의 사람이 여러 공정을 담당합니다. 포드 시스템과 달리 작업자가 만들며 생산량을 어림잡을 수 있으며, 생산량 변화에 탄력적으로 대응하기 쉬운 장점이 있습니다.

장점	• 생산량 변화에 대응하기 쉽다. • 물건을 만드는 것을 실감할 수 있어 작업자의 사기가 올라간다.
단점	• 작업자에게 높은 수준의 기술이 요구된다. • 작업자를 훈련하는 데 시간이 소요된다.

앞에서 설명한 규모의 경제에서는 생산량을 늘려서 원가를 낮췄지만, 지금 설명할 **범위의 경제**는 기업이 사업이나 제품 라인을 늘리거나 경영의 다각화로 원가를 낮추고 효율을 높게 만드는 방식을 말합니다.

예를 들어 밤 시간대에만 영업하던 주점이 낮에는 식당으로 영업한다고 가정해 봅시다. 임차료는 변함없이 그대로이며 주방 등 설비도 그대로 사용할 수 있습니다. 식재료는 점심과 저녁 분을 함께 준비하면 가격이 낮아집니다. 다른 장소에서 식당을 차리는 것보다도 비용이 내려갑니다.

밤에만 하던 주점이 낮에도 문을 열고 점심 메뉴를 팔면, 추가되는 고정비 없이 수익성을 높일 수 있습니다. 이것이 '범위의 경제'의 한 예입니다.

일본의 전자기기 제조사인 샤프SHARP는 코로나19 이후 마스크 제조를 시작했는데, 정밀 기계 제조 시에 필요한 먼지가 들어가지 않는 방인 클린룸을 마스크 제조에 활용했습니다. 또한 아마존은 인터넷 서점으로 사업을 시작했지만 거대한 창고를 활용하여 식품, 의류를 포함한 모든 상품을 취급하게 되었습니다.

제조 단계에서 나온 폐기물을 재이용하는 것도 범위의 경제의 한 예입니다. 일본의 마요네즈 제조사인 큐피는 마요네즈의 원재료로 달걀을 대량으로 사용하는데, 달걀 껍데기를 화장품, 영양제, 식품 원료 등에 재이용함으로써 범위의 경제를 달성했습니다.

샤프의
마스크 제조 사업

큐피의
마요네즈 생산 사업

아마존의
종합 유통 사업

전자기기 제조사는 클린룸을 활용해 마스크를 제조하고,
마요네즈 제조사는 원재료인 달걀의 껍질로 화장품을 만들며,
종합 유통 회사인 아마존은 물류창고로 여러 상품을 판매할 수 있게 됐습니다.

생산관리와 생산방식

생산을 많이 함으로써 원가를 절감하는 규모의 경제든, 또는 기업이 보유한 유휴 능력을 잘 활용하는 범위의 경제든 생산 효율이 없다면 수익을 실현하기 어렵습니다. 상품개발부터 소비자의 손에 그 상품이 도달하기까지의 **공급사슬**Supply Chain을 원활히 하는 것이 생산 효율을 높이는 방법입니다. 즉, 제조·물류·판매를 컴퓨터로 관리해서 무엇이 얼마나 팔리는지 파악하고 정보를 공유, 낭비를 줄여 공급사슬을 관리하는 방식을 **SCM**Supply Chain Management이라고 합니다.

가령 소비자가 A라는 상품을 원한다는 정보를 얻으면 모든 과정에서 A를 많이 만들도록 해서 생산 효율을 높입니다.

SCM은 소비자가 A라는 상품을 원한다는 정보를 얻으면 모든 과정에서 A를 많이 만들도록 해서 생산 효율을 높이는 생산관리 방식입니다.

ⓦ 주문생산과 예측생산

주문생산
주문을 받아 물건을 만드는 방식.
재고 관리 리스크는 없지만
대량생산에 적합하지 않습니다.

　생산관리란 계획한 대로 제품이 만들어지도록 생산 공정 전체를 관리하는 것을 말합니다.
　생산 방식에는 고객의 주문을 받고 나서 만드는 '주문생산'과 주문을 받지 않고 '이 정도 팔리겠지'라고 수요를 예측해서 만드는 '예측생산'이 있습니다. 주문생산과 예측생산의 각각의 방식에 적합하게 계획을 세우고 생산관리를 합니다.

주문생산 방식은 재고 관리 리스크는 없으나 대량생산에 적합하지 않다는 단점이 있는 반면, **예측생산** 방식은 '이 정도 팔릴 것'이라고 수요를 예측해서 주문이 들어오기 전에 물건을 만드는 방식이므로 대량생산에 적합합니다. 단, 예측생산은 주문생산과 달리 재고 관리 리스크가 있습니다.

적시생산시스템

　주문생산과 예측생산의 장점에도 불구하고 각각의 단점으로 인해 낭비가 일어나기도 합니다. 그래서 필요한 물건을 필요한 때에, 필요한 만큼만 발주하는 **적시생산시스템**Just-in-Time 방식이 생겼습니다. 적시생산시스템을 통해 낭비를 줄이는 이 방식은 자동차 제조사인 도요타에서 만든 생산방식으로, 세계적으로도 높은 평가를 받고 있습니다.

적시생산시스템을 제조 현장에서 실현하기 위해서 **칸반**Kanban **방식**을 사용합니다. 칸반이란 언제, 어디서, 무엇을, 얼마나 만들지가 적힌 카드를 말합니다. 부품을 넣은 상자에 칸반을 붙여놓는 것으로 적시생산시스템을 실현합니다. 이 방식을 도입한 후, 그전까지 제조업에서 흔히 발생했던 부품의 과잉 생산이 사라졌으며 사용하지 않는 부품의 재고가 쌓이는 일도 없어졌습니다. 현재도 칸반은 전자화된 데이터로 전환해 활용되고 있습니다.

OEM과 PB 상품

제조사, 도매업자, 소매업자, 소비자로 이어지는 공급사슬에서 시장에서 요구하는 상품을 제작하는 제조사의 역할은 중요합니다. 그러나 소비자와의 접점에 있는 소매업자가 시장을 바라보고 판단하는 의견이 특히 중요해지고 있습니다. 그래서 소매업자가 상품의 기획·개발을 진행하고, 이를 위탁받은 제조사가 상품을 생산하는 주문자상표부착생산인 **OEM**Original Equipment Manufacturing이 나오게 되었습니다.

편의점이나 슈퍼마켓에서 **PB**Private Brand 상품을 본 적이 있을 것인데, PB란 편의점이나 슈퍼마켓 같은 소매업자가 개발한 브랜드입니다. PB 상품의 소비자 가격은 보통 제조사에서 만든 상품보다 저렴한 편이라 소비자는 좋은 상품을 싸게 살 수 있다는 장점이 있습니다. 소매업을 하고 있기 때문에 광고선전비가 크게 들지 않고, 공장에서 직접 점포로 납품해서 운송비가 낮아지기 때문에 원가가 절감되어 상품을 소비자에게 저가에 제공할 수 있습니다.

PB 상품의 제조를 위탁받은 제조사 입장에서는 상품을 소매업자가 매입하므로 재고가 쌓이지 않고 매출이 안정적이며 제조 수준도 올라간다는 장점이 있습니다. 단, 자사 브랜드로 판매하는 방식에 비해 이익률이 낮다는 단점도 있습니다.

한편, 편의점이나 슈퍼마켓과 같은 소매업자의 입장에서는 자체적인 생산공장 없이도 제조된 상품을 판매하여 판매량을 늘릴 수 있다는 장점이 있습니다. 그러나 제조와 관련된 노하우는 축적되지 않는다는 단점도 존재합니다.

상품의 표준

　소매점에 진열된 상품 가운데는 제조사가 다른데 크기나 모양이 같은 것이 있습니다. 예를 들어 건전지는 모든 제조사의 제품 규격이 똑같습니다. 크기나 모양 등의 규격이 정해져 있기 때문입니다. 규격 가운데 한국산업표준인 KS Korean Industrial Standards 등 공식 기관이 정한 것을 **공식 표준** de jure standard이라고 합니다. 건전지가 바로 이 경우에 해당되는데, 여러 번 논의를 거쳐 정하므로 규격이 결정되기까지 시간이 걸리는 단점이 있습니다.

　한편 **사실 표준** de facto standard이라는 것도 있습니다. 이것은 어떤 제조사의 상품이 인기를 끌어 다른 제조사도 그 규격의 상품을 만들게 되거

> 공식 기관이 정한 기준으로 건전지같이 모든 제조사의 제품 규격이 똑같은 것을 '공식 표준'이라고 합니다.

나 또는 다른 회사의 상품보다 압도적으로 많이 팔리면서 인정받게 된 규격을 말합니다. 메모리카드의 SD 카드, DVD 등이 사실상 표준에 해당합니다. 사실상 표준이 공식 기관의 인정을 받아 공식 표준이 되는 경우도 있습니다.

그러나 사실상 표준의 경우 해당 제품이 표준이 되기 전까지는 다양한 상품이 혼재되어 있으므로 혼란스러워하는 소비자도 있습니다. 사실상 표준이 되지 못한 상품을 산 소비자의 경우 불편과 혼란을 느낍니다.

'사실 표준'은 어떤 기업의 상품 A가 다른 회사 상품보다 압도적으로 많이 팔리면 A가 기준 규격이 되는 것을 말합니다.

재무상태와 경영지표

숫자는 기업의 경영 상태를 객관적으로 파악할 수 있게 합니다. 회사에서 경영 상태를 파악할 때도 숫자를 이용하는데, 이때 '재무제표'를 봅니다.

재무제표란 기업 경영 활동의 재무상 결과를 이해관계자에게 보고하는 목적으로 만드는 회계 정보로, 기업의 경영 상태나 재무 상황을 알 수 있는 성적표 같은 것입니다.

재무제표는 대차대조표, 손익계산서, 현금흐름표로 구성됩니다.

대차대조표는 현시점에서의 자산과 부채 상황, **손익계산서**는 일정 기간의 사업 수지, **현금흐름표**는 실제 돈의 흐름을 나타냅니다. 재무제표는 대차대조표, 손익계산서 등에 표시된 항목을 구체적으로 설명하거나 보완하는 정보를 제공합니다.

재무제표를 보고 파산 가능성은 작은지, 얼마나 효율적으로 이익을 얻고 있는지, 장기간에 걸쳐 매출이 증가하고 있는지 등 안정성, 수익성, 성장성의 관점에서 분석을 거듭해나갑니다. 다른 회사나 돈을 빌려준 은행 등도 재무제표를 보고 기업의 경영 등에 대해 다양한 판단을 합니다.

비즈니스의 주 목적은 상품을 팔아서 돈을 버는 것입니다. 그러나 이익이 발생하지 않고 계속 적자만 난다면 사업은 유지될 수 없습니다. 매출이 비용보다 적으면 손실이 나면서 적자라고 하고, 매출이 비용보다 많으면 이익이 나서 흑자라고 합니다. 흑자와 적자의 경계선, 즉 매출과 비용이 같아지는 지점을 **손익분기점**이라고 합니다. 손익분기점에 도달하면 고정비가 모두 회수된 상태이며, 손익분기점을 넘기면 매출에서 비용을 뺀 순액이 이익이 됩니다.

비즈니스에는 재료비, 임차료, 인건비처럼 여러 비용이 발생하는데, 비용을 고정비와 변동비로 구분할 수 있습니다. 임차료나 인건비처럼 늘 일정한 금액으로 발생하는 것이 고정비며, 재료비처럼 생산량이나 판매량 등에 따라 금액이 달라지는 것이 변동비입니다.

03 생산 및 재무관리

기업의 재무제표 중 회사의 실제 상황을 파악할 수 있게 해주는 중요한 지표가 있습니다. 그것은 **현금흐름표**로 실제 돈의 움직임을 보여줍니다. 실제 돈의 움직임을 알아야 하는 이유는 기업 간 상품이나 서비스의 매매로 상품이 팔려 매출로 잡힌 시기와 실제로 대금이 입금되는 시기에는 보통 차이가 있다는 데 기인합니다. 기업은 대금이 입금되기까지 상품매입대금 지급, 상품 매입을 위해 차입 등을 해서 자금을 융통하기 때문입니다.

이러한 현금의 움직임을 **현금흐름**Cash flow이라고 하며, 현금흐름에는 영업, 투자, 재무의 세 요소가 있습니다.

현금흐름은 현금의 움직임을 말하며,
이를 알아야 회사의 경영 상태를 파악할 수 있습니다.

영업활동현금흐름은 회사의 본업에서 얻거나 지출한 현금의 차이를 나타냅니다. **투자활동현금흐름**은 설비를 투자하거나 반대로 설비를 매각하는 등 보유하고 있는 자산에 관한 돈의 증감을 나타냅니다. **재무활동현금흐름**은 영업이나 투자로 자금을 마련하지 못하고 은행이나 주주에게서 자금 조달을 한 돈의 흐름을 나타냅니다.

영업과 투자를 합친 것을 **미래잉여현금흐름**Free Cash Flow이라고 하며 미래잉여현금흐름이 클수록 기업의 경영 상태는 좋다고 할 수 있습니다.

영업과 투자를 합친 것을 미래잉여현금흐름이라고 하며, 미래잉여현금흐름이 클수록 기업의 경영 상태는 좋다고 할 수 있습니다.

기업의 경영 상태는 재무제표를 검토하는 것으로도 알 수 있지만 실제로는 다른 지표들을 통해 더 자세히 분석할 수 있습니다.

매출액 대비 원가가 크고 그다지 이익이 나지 않을 때는 이익을 매출액으로 나눠 100을 곱한 **매출액총이익률**이라는 지표를 봅니다. 이와 같은 기업의 재무상태, 수익성, 생산성을 알 수 있는 지표를 **경영지표**라고 합니다. 그밖에 공장의 기계 등을 포함한 자산에서 효율적으로 이익을 얻는 방법을 검토하는 **총자산이익률**, 출자금으로 얼마나 이익을 창출하는지 보는 **자기자본이익률** 등 여러 지표가 있습니다.

경영지표란 기업 경영 상태의 좋고 나쁨을 판단하는 기준으로 경쟁사를 분석하거나 M&A에도 사용됩니다.

경영지표는 경쟁사 분석이나 거래처의 재무 상황 확인, 신규 사업을 시작할 때의 타사 분석, M&A, 업무 제휴를 위한 후보 회사 검토 등 여러 목적으로 사용됩니다.

₩ 안전성 측정지표

안전성 측정지표에는 유동비율과 당좌비율이 있습니다.
유동비율은 기업의 단기 지급 능력을 판단하는 지표이며,
당좌비율은 바로 현금화가 가능한 자산의 비율을 뜻합니다.

유동비율	단기적인 지불 능력을 분석합니다. $\dfrac{\text{유동자산}}{\text{유동부채}} \times 100\%$
당좌비율	바로 현금화가 가능한 자산의 비율입니다. $\dfrac{\text{당좌자산}}{\text{유동부채}} \times 100\%$

수익성 측정지표

수익성을 알아보는 지표에는
매출액총이익률, 총자산이익률, 자기자본이익률이 있습니다.

매출액총이익률	이익을 매출액으로 나누고 100을 곱한 것입니다. $\dfrac{이익}{매출} \times 100\%$
총자산이익률	공장 기계 등을 포함한 자산에서 효율적으로 이익을 얻고 있는지 봅니다. $\dfrac{순이익}{총자산} \times 100\%$
자기자본이익률	자기자본으로 얼마나 이익을 냈는지 봅니다. $\dfrac{당기순이익}{자기자본} \times 100\%$

성장성 측정지표

성장성 측정지표에는 이익성장률, 배당성향이 있습니다
이익성장률은 기업의 성장 지표,
배당성향은 당기순이익 중 주주들에게 이익을 배당하는 비율입니다.

이익성장률	기업이 기준연도 대비 얼마나 성장했는지를 봅니다. $\dfrac{(최근년도\ 이익 - 전년도\ 이익)}{전년도\ 이익} \times 100\%$
배당 성향	투자를 중시하는지 주주를 중시하는지 봅니다. $\dfrac{당기순이익}{배당금총액} \times 100\%$

    핀테크FinTech란 금융Finance과 기술Technology의 합성어로, 스마트폰 전자 결제·AI를 통한 자산 운용·크라우드 펀딩 등 금융 서비스와 정보 기술을 연결한 혁신적·파괴적 서비스를 의미합니다. 결제·대출·환전·심사·자산운용·사업자 대상 대출까지 새로운 서비스가 잇따라 등장하고 있습니다.

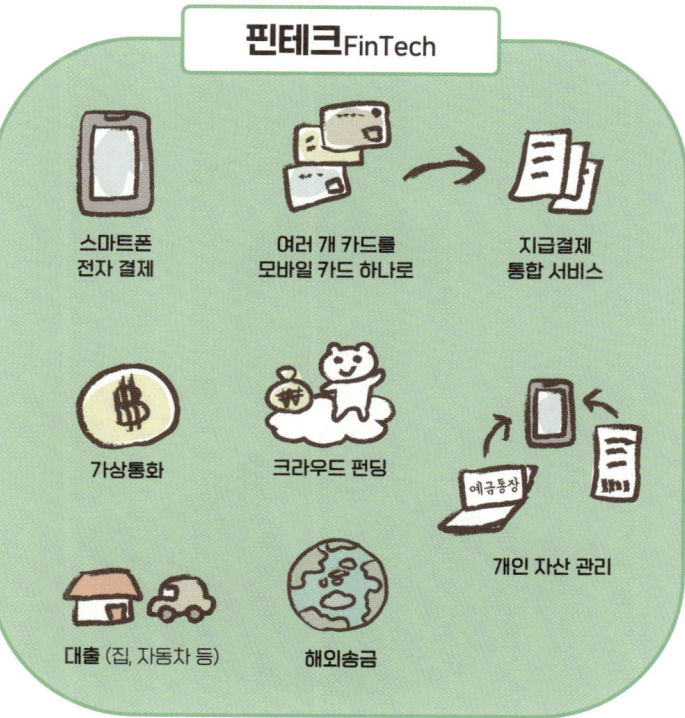

| 경영학 인물 FILE No.03 | **클레이튼 M. 크리스텐슨**
Clayton M. Christensen |

> **혁신에 특화된 회사를
> 직접 설립한 연구자**

새로운 가치 기준을 시장에 가져오다

1990년대 후반에 접어들면 선진국의 경기는 침체되고, 개발도상국의 국내총생산 증가는 뚜렷하게 나타납니다. 그중에서 새롭게 주목받기 시작한 개념이 **혁신**입니다. **클레이튼 M. 크리스텐슨**은 기업 혁신 연구의 일인자로 알려져 있습니다.

크리스텐슨은 1997년에 책 『혁신기업의 딜레마』에서 '파괴적 혁신'이라는 개념을 소개했습니다. 파괴적 혁신이란 기존 시장에서는 당연하다고 여겨지고 요구받던 가치를 저하시키고, 새로운 가치 기준을 시장에 가져오는 혁신을 말합니다. 크리스텐슨이 파괴적 혁신을 주장하게 되면서 지금까지의 대기업 중심의 시장이 아닌, 새로운 기업에 의해 시장이 형성될 수 있다는 혁신 전략의 시장 메커니즘이 밝혀졌습니다.

PART 04

마케팅

미국의 경영학자 필립 코틀러는 니즈Needs와 원츠Wants를 충족시키는 것이 마케팅이라고 했습니다. 즉, 마케팅이 성공하려면 상품이나 서비스를 받는 고객의 존재를 빠뜨릴 수 없습니다. 미국 마케팅 업계의 일인자인 경제학자 테오도르 레빗Theodore Levitt은 자신의 논문 「마케팅 근시안Marketing Myopia」에서도 "기업은 고객 만족과 고객 창조를 위한 하나의 유기체가 되어야 한다"고 주장했습니다. 이번 파트에서는 기업이 어떤 시장에서 어떻게 자사의 상품을 홍보하고 판매를 촉진할 수 있는지 마케팅 전반에 대해 알아보도록 하겠습니다.

마케팅이란?

    기업은 제품이나 서비스를 만들어 낼뿐 아니라 고객의 구매 의욕을 충족하여 고객이 그 기업과 거래하도록 활동하는데 그것이 바로 마케팅이며, **고객 만족** Customer Satisfaction은 기업이 제공하는 제품이나 서비스로 고객에게 만족을 주는 것입니다. 고객이 그 기대를 얼마나 충족했느냐에 따라 고객 만족도가 달라지며, 기업은 설문조사 등으로 고객 만족도를 조사 및 평가하고 신제품 개발에 활용합니다.

    현대 경영학의 아버지라 불리는 **피터 드러커** Peter Ferdinand Drucker는 '고객의 욕구를 파악하여 그것을 충족시키는 제품이나 서비스를 고객이 자발적으로 구매하도록 하는 것'이 마케팅이라고 했습니다.

또한 미국의 경영학자로 마케팅의 신이라 불리는 **필립 코틀러**Philip Kotler는 '개인이나 집단이 제품 및 가치의 교환을 통해 니즈Needs나 원츠Wants를 충족시키는 사회적·관리적 과정'이 마케팅이라고 정의했습니다.

니즈는 생활하거나 일할 때 꼭 필요한 것이 결핍된 상태로 고객의 욕구를 의미합니다. 그리고 '부족한 것이 갖고 싶다'는 니즈와는 달리, '이게

마케팅 순환 구조

1. 시대 동향

요즘 무엇이 유행하는지 파악합니다.

2. 니즈 Needs

니즈는 생활하거나 일할 때 꼭 필요한 것이 결핍된 상태입니다. 고객의 욕구를 의미합니다.

3. 원츠 Wants

'이게 갖고 싶다'는 더 구체적인 욕구가 원츠입니다. 결핍 상태가 해소되면 다음으로 만족을 느끼고 싶어 합니다.

* 마따따비 : 고양이들의 스트레스를 해소하고 우울증을 완화하는 등 정서 안정에 도움을 주는 식물.

갖고 싶다'는 더 구체적인 욕구가 원츠입니다. 결핍 상태가 해소되면 다음으로 만족을 느끼고 싶어 합니다. 결국 생활하는 데 필요한 것이 결핍된 상태가 니즈, 특정한 것을 원하는 욕구가 원츠, 니즈와 원츠를 충족시키는 활동이 바로 마케팅입니다.

마케팅을 실행으로 옮기려면 마케팅 전략이 필요합니다. 마케팅 전략이란 누구에게, 무엇을, 어디서, 얼마에, 어떻게 팔지 명확히 하는 것입니다.

리서치, 타깃 선정, **마케팅 믹스**Marketing Mix, 목표 설정과 실행, **모니터링 관리**의 다섯 단계 설정을 마케팅 전략 설정이라고 하며, 필립 코틀러는 이 다섯 단계를 MMP라 부르는 **마케팅 관리 과정**Marketing Management Process이라고 했습니다. 여기서 한 단계라도 생략되면 효과가 없으므로 단계별로 제대로 실행해야 합니다.

MMP 과정

1. 리서치
업계의 구조나 동향을 파악하고 자사를 둘러싼 환경, 현재 위치, 경쟁사와의 차이점을 명확히 합니다.

2. 타깃 선정
연령·성별 등 다양한 속성으로 고객을 분류하고 타깃을 좁혀 어떻게 접근할지 생각합니다.

3. 마케팅 믹스
어떤 제품을 만들고 가격을 어떻게 책정할지 생각합니다. 그리고 유통 수단이나 프로모션 등을 어떻게 해야 가장 좋은 조합으로 진행할 수 있을지 결정합니다.

4. 목표 설정과 실행
실제 목표 수치를 설정하고 실행에 옮깁니다. 다른 기능과의 연계도 고려해서 마케팅 전략을 구축합니다.

5. 모니터링 관리
효과를 측정하고 전략이 성공했는지 확인합니다. 필요하다면 문제점을 개선하기 위해 전략을 재검토합니다.

마케팅의 대상은 사람들의 의식 변화나 생활방식의 변화와 함께 확대되고 있습니다. 일찍이 필립 코틀러는 마케팅에는 세 가지 대상이 있다고 했습니다. 먼저 **마켓 1.0**은 **대중 소비시장**, 쉽게 말해 모든 일반 대중, **마켓 2.0**은 개별 소비자, **마켓 3.0**은 제품이나 서비스를 통해 사회 공헌 같은 정신적 가치 충족을 기대하는 소비자가 대상이라고 정의했습니다.

　　시간이 흘러 IT 시대가 도래하자 사람들의 자아실현을 위한 욕구가 더 확고해졌습니다. 그래서 코틀러는 2014년에 **마켓 4.0**을 제창했습니다. 소비자 개개인의 자아실현 욕구를 충족시키는 데 중점을 두고 제품이나 서비스를 제공해야 한다고 주장했습니다. 사람들의 의식이 사회 공헌에서 자아실현으로 변하듯 마케팅의 대상도 변해가는 것입니다. 필립 코틀러는 2020년 이후 마켓 5.0* 시대로 나아간다고 주장합니다.

* **역자 주** : 필립 코틀러는 코로나19(2020년대) 이후 이제 시장은 '마켓 5.0' 시대로 나아간다고 주장한다. 마켓 5.0은 인간을 위한 기술이 새로운 마케팅 전략과 방식의 핵심이 된다는 내용이다.

마켓 1.0	제품 중심의 마케팅으로 일반 대중이 대상. 텔레비전이나 인터넷 등에서 일방적으로 광고 선전을 하고 더 싸고 품질 좋은 제품을 제공하고자 합니다.
마켓 2.0	소비자 중심의 마케팅. 기업은 소비자 개개인의 마음을 사로잡기 위해 쌍방향 의사소통을 실시하여 더 좋은 제품이나 서비스를 제공합니다.
마켓 3.0	제품이나 서비스를 통해 사회 공헌 같은 정신적 가치 충족을 기대하는 소비자가 대상입니다.
마켓 4.0	소비자 스스로가 자아실현 욕구를 가지는 시대. 기업은 제품이나 서비스를 제공하여 자아실현 욕구에 호소합니다.

마켓 1.0은 제품 중심의 마케팅, 마켓 2.0는 소비자 중심의 마케팅, 마켓 3.0은 정신적 가치 충족을 기대하는 소비자가 대상의 마케팅, 마켓 4.0은 자아실현 욕구를 가진 소비자를 대상으로 하는 마케팅입니다.

자사와 자사 상품에 대해 이해하기

적을 알고 나를 알면 백전백승이라는 말이 있듯, 마케팅을 시작할 때는 먼저 자사와 자사 제품이 시장에서 어떤 포지션에 있는지부터 판단할 필요가 있습니다. 필립 코틀러는 **시장 점유율**이라는 마켓 셰어 Market Share 관점에서 기업의 포지션을 네 가지 **시장도전 기업**, **시장선도 기업**, **시장추종 기업**, **시장틈새 기업**으로 분류하였습니다.

시장선도 기업	업계 최고의 매출을 올리는 기업. 예: 도요타
시장도전 기업	시장선도 기업의 자리를 노리는 2인자 기업. 예: 닛산, 혼다
시장추종 기업	업계 1위 기업과 2인자를 모방하면서 추종하는 업계 3위 이하의 기업. 예: 마쓰다
시장틈새 기업	상위 기업과 경쟁하지 않고 틈새시장을 공략하는 기업. 예: BMW

기업의 포지션 분류

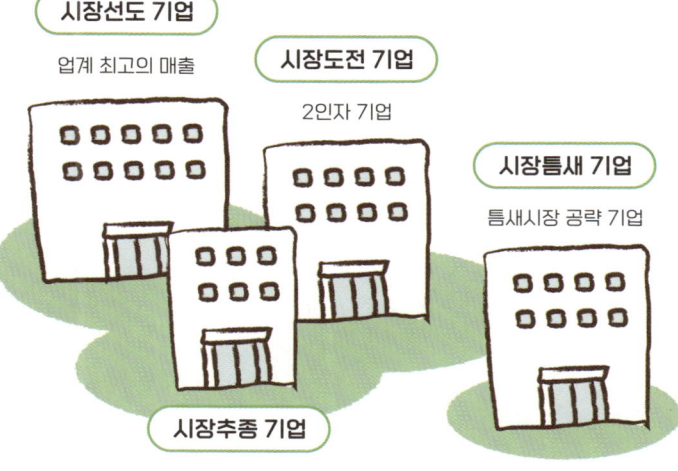

기업의 포지션은 시장 점유율의 관점에서
시장선도 기업, 시장도전 기업, 시장추종 기업, 시장틈새 기업으로 나뉩니다.

한편 마케팅컨설팅 회사를 경영하는 **알 리스**Al Ries와 **잭 트라우트**Jack Trout는 소비자의 마음속에서 자사 제품이 차지하는 비율을 말하는 **마인드셰어**Mind Share로 포지션을 확인하는 방법도 제시하였습니다. 예를 들어 "○○이라고 하면 무엇이 떠오르는가?" 하고 물었을 때 가장 먼저 떠오르는 제품은 마인드셰어가 높다고 할 수 있습니다.

코틀러는 '경쟁에서 이기려면 각각의 지위에 맞는 전략을 구사하는 것이 중요'하다고 언급하며 시장 점유율을 토대로 포지션을 분류하고 난 후, 업계 내에서 자사가 어느 지위에 있는지에 따라 전략을 달리해야 한다고 하였습니다.

코틀러가 주장한 **경쟁 지위별 전략**에서는 반드시 실행해야 할 전략과 4P를 모두 고려해야 하는데, 이 전략은 시장 점유율이 명확하지 않은 경우에는 적용하기 어려워 IT업계에서는 네 가지 유형으로 분류하는 것이 적절하지 않다는 지적도 있습니다.

시장선도 기업

- [목표] 시장 점유율 1위 유지
- [방침] 시장 점유율 유지 혹은 확대
- [4P] 동질화
- [제품] 풀라인
- [가격] 높은 편
- [유통] 전방위 경로
- [프로모션] 적극적

시장도전 기업

- [목표] 시장 점유율 정상 자리 탈취
- [방침] 차별화
- [4P] 차별화
- [제품] 차별화
- [가격] 차별화
- [유통] 차별화
- [프로모션] 차별화

시장추종 기업

- [목표] 존속
- [방침] 어느 정도의 이익과 성장
- [4P] 비용 절감
- [제품] 모방
- [가격] 저가
- [유통] 저가 지향
- [프로모션] 한정

시장틈새 기업

- [목표] 안정된 매출, 높은 이익률
- [방침] 생존 영역 전체의 차별화
- [4P] 좁고 깊게
- [제품] 세분화
- [가격] 고가
- [유통] 차별화
- [프로모션] 집중적

필립 코틀러는 시장 점유율의 관점에서 기업의 포지셔닝을 4가지로 분류했습니다.

이를테면 업계 최고 자리를 차지하고 있는 시장선도 기업은 1위를 유지하는 것을 목표로 하므로 제품을 풀 라인으로 생산하며, 유통도 축소하지 않고 전방위로 실시합니다. 업계 최고나 2위 기업은 규모도 크고 이미 고객의 신뢰도 얻고 있습니다.

반대로 시장 틈새 기업은 틈새시장에 접근하는데, 우선은 안정된 매출을 목표로 합니다. 벤처 기업 등 작은 시장에서 독자적인 지위를 구축하는 틈새 기업은 틈새 기업만의 전략을 세워야 합니다.

상위 기업과 경쟁하지 않고 틈새시장을 공략하는 기업을 틈새공략 기업이라 합니다. 그 예로, 인건비를 줄여 가격을 낮춘 초저가 남성 전용 미용실이 있습니다.

예를 들어 보통 일본의 이발소에서는 커트뿐만 아니라 샴푸, 파마도 할 수 있는데 커트 비용이 1시간에 3~4만 원 정도입니다. 이발소는 경쟁 업체가 많아 같은 시스템으로 운영하면 경쟁이 매우 치열합니다. 그래서 일본의 QB 하우스*는 당시 10분에 1만 원으로 커트만 전문으로 하는 이발소를 만들었습니다. 샴푸를 하지 않기 때문에 세면대를 구입하는 비용도 들지 않았고, 1시간에 최대 6만 원의 매출을 올릴 수 있습니다.

시장의 영역을 정하는 일도 중요합니다. 이미 세상에 있는 제품이나 서비스를 만드는 기업은 경쟁사와 늘 치열한 경쟁을 벌이지만, 이렇게 치열하게 경쟁하는 **레드오션**Red ocean 시장을 피하고 독자적인 노선을 찾는 방법도 있습니다. 경쟁이 적은 미지의 시장을 만들어 시장 점유율을 획득하는 이 전략을 **블루오션**Blue ocean이라고 합니다.

블루오션 전략의 가장 큰 장점은 저비용, 고단가로 제품이나 서비스를 제공할 수 있는 점입니다. 타사와의 차별화를 실현하고 이익 성장률도 기대할 수 있습니다. 경쟁 상대가 아예 없는 건 아니지만 단기간에 고객을 획득할 기회가 있어 비즈니스로 성공하기 쉽습니다.

* **역자 주** : 한국의 경우 비슷한 사례로 '남성 전용 미용실'인 블루클럽을 들 수 있다. 블루클럽은 미용사의 머리 손질 과정을 최소화하고 가격을 낮춤으로써 남성들의 소비 패턴을 공략했다.

자사의 시장 내 포지션 파악과 함께 자사의 제품 역시 시장에서 어떤 상황에 있는지 판단하는 일도 중요합니다.

제품을 계속 사용하다 보면 시간이 흐르고 낡아서 머지않아 수명을 다합니다. 그것과는 별개의 의미로 제품에는 수명이 있다고 주장하는 이가 경제학자인 **조엘 딘** Joel Dean입니다. 딘은 1950년에 자신의 논문에서 "모든 제품과 시장에는 탄생에서 쇠퇴에 이르는 사이클이 있다"는 내용을 발표했습니다. 이것을 **제품수명주기** Product Life Cycle라고 하며 **도입기**, **성장기**, **성숙기**, **쇠퇴기**라는 네 시기로 구분합니다.

도입기	기업이 신제품을 세상에 선보이는 시기. 매출이나 이익은 낮은데 광고 홍보 등 프로모션을 해야하므로 적자가 날 가능성이 높습니다.
성장기	매출이나 이익이 급속도로 늘어나는 시기. 시장 규모가 커진 만큼 경쟁사도 늘어나 높은 점유율을 획득하는 것이 과제가 됩니다.
성숙기	매출이 좀처럼 늘지 않고 경쟁이 치열해지는 시기. 타사와의 차별화를 꾀하는 등 시장 점유율을 유지하기 위한 전략이 중요해집니다.
쇠퇴기	대체품의 등장 등으로 매출이나 이익이 줄어드는 시기. 사업을 철수하는 회사도 많고, 원가 삭감 등으로 이익을 내는 전략도 고려됩니다.

04
마케팅

성숙기
매출이 좀처럼 늘지 않고 경쟁이 치열해지는 시기.

쇠퇴기
대체품의 등장 등으로 매출이나 이익이 줄어드는 시기.

첨단 기술의 제품들이 종종 출시되는 요즘 시대에는 제품 수명주기와는 달리 원활하게 성장하지 못하는 경우도 있습니다. 즉, 지금까지 본 적도 없는 뛰어난 기능의 제품이 출시되거나 고도의 기술이 개발되면 큰 화제를 불러일으키긴 하지만 아무리 편리한 첨단 기술 제품이라도 반드시 많은 인기를 끈다는 보장은 없는 것입니다. 첨단 기술 제품에 나타나는 특유의 현상인 '보급률 16%의 벽'때문인데, 이를 **캐즘**[*]chasm이라고 합니다.

신제품이나 최신 기술은 **혁신 수용자**Innovator, **얼리어답터**Early adopter, **조기 다수수용자**Early majority, **후기 다수수용자**Late majority, **지각 수용자**Laggard 순으로 퍼져나가는데, 캐즘을 뛰어넘으려면 가장 다수인 조기 다수수용자의 지지를 얻어야 합니다.

조기 다수수용자의 지지를 얻으려면 우선 얼리어답터에게 보급하지 않으면 안 됩니다. 양쪽은 서로 다른 생각을 하는 고객층이므로 각자에게 유효한 전략을 세워야 합니다.

* 역자 주 : 지층 사이에 큰 틈이 생겨 서로 단절된 것을 뜻하는 지질학 용어. 제품 출시 후 시장에서 통용되고 대중에게 보급되기까지 일시적으로 단절 현상(침체기)을 거치게 된다는 것을 빗대어 사용한다.

보급률 34%

보급률 34%

"사도 손해는 안 볼 것 같군."

"다들 갖고 있으니까 나도 한번 사볼까."

지각 수용자

보수적이며 첨단 기술 제품을 싫어하는 고객층. 사회 동향에 관심이 적고 유행이 일반화되면 사거나 아예 구입하지 않는 경우도 있습니다.

조기 다수수용자

지인의 의견이나 리뷰 등을 따져보고 정말로 좋다고 생각되면 구입하는 고객층. 첨단 기술 제품을 조기 다수수용자에게까지 보급하는 일은 쉽지 않습니다.

후기 다수수용자

신기술이나 신제품에는 회의적인 고객층. 주위 대다수가 사용하는 모습을 보고 유행 중이라고 생각되면 구입하는 신중파입니다.

"첨단 기술이라고 꼭 좋다는 보장은 없어!"

보급률 16%

고객의 니즈 파악하기

마케팅을 실시하는 데 중요한 점은 고객의 니즈에 부합하는 제품이나 서비스를 만들어 타깃층에 전달해, 타깃 고객이 그 제품이나 서비스를 인지하고 구매하도록 하는 것입니다. 그리고 고객의 신뢰를 얻어 단골로 만들고, 그들이 가족이나 지인 등 주위 사람에게 제품이나 서비스의 장점을 널리 알린다면 더 많은 고객이 생길 것입니다. 이것이 마케팅의 이상적인 과정이지만 여기까지 도달하려면 우선 고객의 니즈를 정확히 파악하는 것이 중요합니다.

니즈를 파악하려면 인터뷰나 조사가 매우 중요합니다. 인터뷰나 조사를 통해 사람들이 무엇을 원하는지 알아냅니다. 그리고 사람들이 24시간 동안 무엇을 보고 있는지 파악하고, 타깃층에 제품이나 서비스를 알리려면 어떻게 접근할지 고민해야 합니다. 이때 '내가 고객이라면 어떻게 할까'를 떠올리며 항상 고객의 입장에서 생각해야 합니다.

1987년에 **스탠퍼드 연구소**는 개인의 가치관이나 라이프스타일을 판단하여 고객의 입장을 파악하는 라이프스타일 분석 도구인 **VALS**Values

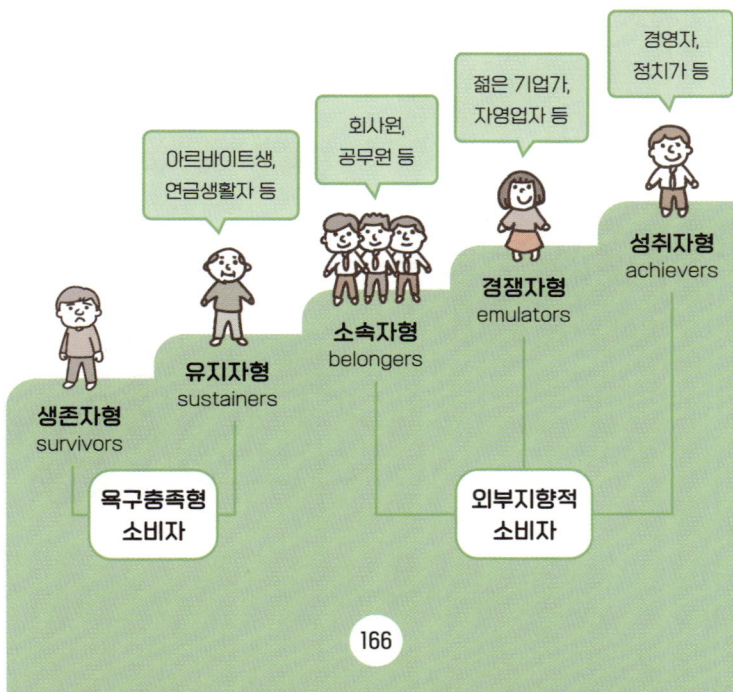

and Lifestyles를 개발했습니다. 경제적 여건이나 인간 심리를 기반으로 소비자를 아래와 같이 9가지 집단으로 분류하면서 라이프스타일 마케팅이 탄생하였습니다.

생존자형, 유지자형, 소속자형, 경쟁자형, 성취자형, 나는 나 집단형, 경험자형, 사회의식형, 통합집단형의 9가지 집단으로 분류합니다. 그리고 개인의 라이프스타일은 행동, 관심, 의견에 의해 형성된다는 VALS의 이론을 기반으로 대상자의 라이프스타일을 도출해냅니다.

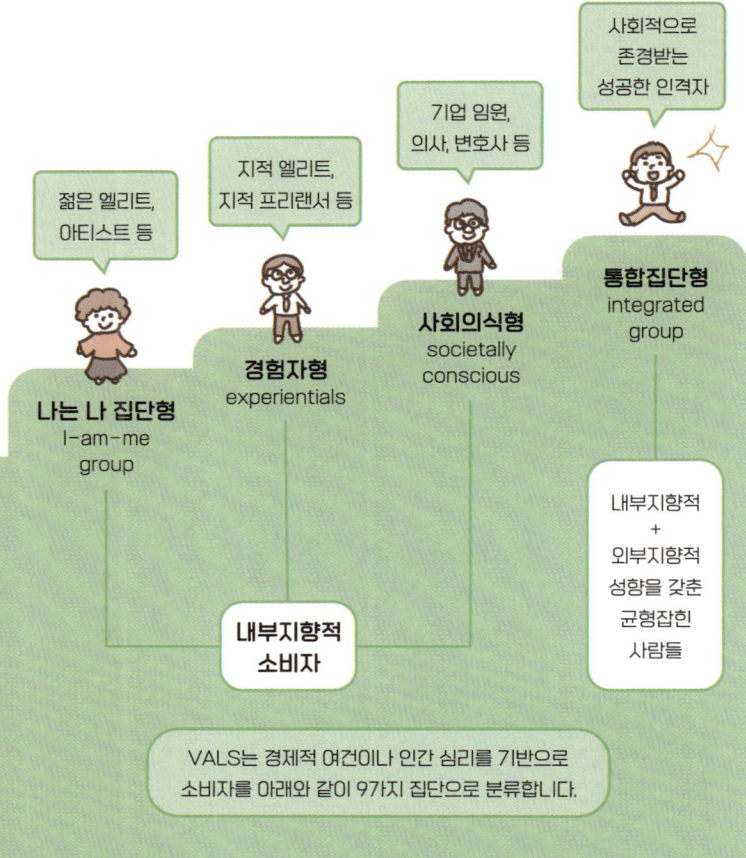

VALS보다 더 구체적이고 개인적인 라이프스타일을 기반으로 분류하면 소비자의 가치관이나 라이프스타일의 큰 흐름이 파악되어 어떤 고객층에 자사 제품이나 서비스를 홍보해야 할지 생각해볼 수 있을 뿐만 아니라 프로모션과 광고 선전 등을 효과적으로 할 수 있습니다. 단, 라이프스타일 분류 방법은 자사 제품이나 서비스에 따라 달라집니다.

그러나 단순히 소비자의 니즈와 라이프스타일만 이해한다고 해서 자사의 상품을 판매할 수 있는 것은 아닙니다. 소비자가 구매를 결정하기까지의 행동 메커니즘을 이해해야 매출로 연결될 수 있습니다.

개인의 라이프스타일은 '행동', '관심', '의견'에 의해 형성된다는 VALS의 이론을 기반으로 소비자의 가치관이나 라이프스타일의 큰 흐름을 파악하면, 어떤 고객층에 자사 제품이나 서비스를 어떻게 홍보해야 알 수 있습니다.

제품이나 서비스를 구매하기로 결심하기까지는 계기와 과정이 있기 마련입니다. 우선 사람은 제품이나 광고를 보거나 입소문을 듣는 등 외부의 자극Stimulus을 받습니다. 그리고 입력된 정보의 처리 유기체Organism로서 구입 여부에 대한 의사결정을 하고, 구입할것인가에 대한 반응Response을 보입니다. 이것을 '소비자는 자극을 유기체로 받아 반응한다'는 소비자 행동의 기본 과정인 **S-O-R 모형**이라고 합니다.

대표적인 모델로는 소비자가 어떤 과정으로 제품이나 서비스의 구매를 결정하는지 나타낸 이론인 **하워드-세스 모델**Howard-Sheth model이 있습니다. 하워드-세스 모델에서는 소비자의 구매 의욕이 **정보의 입력**, **지각구성 개념**, **학습구성 개념**, **산출**의 네 가지로 결정된다고 합니다.

S-O-R 모형

그리고 소비자가 구매에 이르기까지의 행동 모델은 지금까지 구입한 적이 있는 제품인지, 늘 사던 제품인지 등의 상황에 따라 다음과 같이 세 가지 패턴으로 분류되며 이렇게 소비자가 제품이나 서비스를 구입하려고 결정하기까지의 사고 체계를 알아두는 것은 마케팅 전반을 고려하는 기본이 됩니다.

타깃의 선정과 마케팅 믹스

마케팅 전략의 다섯 단계는 리서치, 타깃 선정, 마케팅 믹스, 목표설정과 실행, 모니터링 관리입니다. 그중 가장 중요한 것은 단연 타깃을 특정하는 일입니다. 우선 연령, 성별 등 다양한 속성을 기준으로 고객을 분류하고 타깃을 좁혀 어떻게 접근할지 생각합니다. 타깃을 특정하려면 **세분화**Segmentation, **타깃팅**Targeting, **포지셔닝**Positioning의 세 단계가 기본이 되는데, **STP**를 순서대로 제대로 실행하면 자사에 의미 있는 고객층을 특정할 수 있으며 한정된 경영 자원을 유효하고 효과적으로 사용하면서 타깃층에 제대로 접근할 수 있습니다.

Segmentation 세분화	연령, 성별, 지역, 구매 행동과 같은 다양한 속성으로 시장·고객을 분류하는 것을 세분화라고 합니다. 이 단계에서 비슷한 니즈를 가진 고객별로 구분하여 자사에 의미 있는 고객층을 타깃으로 특정합니다.
Targeting 타깃팅	세분화 과정을 통해 분류된 고객 중 어느 층에 접근할지 정하는 것을 타깃팅이라고 합니다.
Positioning 포지셔닝	포지셔닝은 좁혀진 타깃을 대상으로 자사 제품이나 서비스의 명확한 차별화를 꾀합니다. 어떻게 상품의 장점을 명시하고 소비자의 마음속에 인지시킬지를 명확히 합니다.

타깃을 선정하였다면 특정한 타깃에 대해 네 가지 요소를 조합하여 마케팅을 전개합니다. 이 네 가지 요소의 결합을 마케팅 믹스MM라고 하는데 네 가지 요소에는 제품Product, 가격Price, 유통Place, 프로모션Promotion이 있습니다. 모두 첫 글자가 P로 시작하기 때문에 **4P**라고 부르며 1960년대 **에드먼드 제롬 매카시**Edmund Jerome McCarthy 교수가 창안했습니다.

Product 제품	제품의 종류, 디자인 명, 디자인, 품질, 사이즈부터 사이즈의 보증, 반품까지 어떻게 판매할지 결정합니다.
Price 가격	정가는 물론, 세일가, 지급 기한, 신용 거래 조건까지 결정합니다.
Place 유통	유통 경로와 유통 범위 등 어디에서 팔지 것인가부터 재고, 운송 방법까지 유통에 포함됩니다.
Promotion 프로모션	판매촉진, 광고, 홍보 활동처럼 타깃에 어떻게 알릴지를 구상하는 것이 프로모션입니다.

여기서 꼭 기억해야 할 점은 4P는 반드시 STP를 설정한 다음에 진행해야 한다는 것입니다. 왜냐하면 타깃이 변하면 4P도 변하기 때문입니다. 그리고 4P는 판매자 입장에서 파생된 개념이므로 구매자의 관점에서 바라보는 개념인 4C를 고려해야 한다는 의견도 있습니다.

4C란, 고객 가치Consumer value, 고객 부담 비용Cost to the Customer, 커뮤니케이션Communication, 편리성Convenience을 말합니다. 판매자 입장에서 본 4P보다 구매자 입장에 선 4C로 생각해야 한다는 의견도 있습니다.

고객 관계 관리
CRM

신규 고객 확보도 중요하지만 기존 고객과의 관계를 유지하는 일도 중요합니다. 일회성으로만 상품을 판매하기보다는 반복적이고 지속해서 거래해야 기업의 수익성에 더욱 좋기 때문입니다. 이렇게 반복적으로 구입하는 고객을 우리는 단골이라고 하며, 확보한 고객을 단골로 만들려면 **CRM**Customer Relationship Management이 중요합니다.

CRM이란 고객 정보를 데이터베이스화하여 영업이나 서비스 창구, 콜센터 등 고객과 접하는 기회가 있는 모든 부문에서 정보를 공유하며 고객 한 사람 한 사람을 세심하게 관리하는 시스템을 말합니다.

기존 고객에게 접근하려면 다양한 경로로 고객 정보를 수집해 사내에서 공유하고, 더욱 직접적인 소통을 제안해야 합니다. 수집하는 고객 정보는 연령, 성별, 거주지 등의 기본항목부터 생활방식, 취미·취향, 과거 구매 정보, 문의 내용까지 다양합니다. 구체적인 정보까지 수집하여 고객의 요구에 대응하고 고객 취향의 제품이나 서비스에 대한 정보를 제공합니다. 그래서 고객 데이터베이스는 기업의 생명이라고도 할 수 있습니다. 단, 정보를 너무 많이 제공하면 오히려 고객 만족도가 떨어지기도 하므로 주의해야 합니다.

기존 고객 중에서 자사 제품을 대량으로 자주 구입하는 단골은 기업에 매우 중요한 존재입니다. 제품에 따라 그 비율은 달라지겠지만, 이탈리아의 경제학자인 **빌프레도 파레토**Vilfredo Federico Damaso Pareto가 주장한 **파레토 법칙**Pareto's Law에 따르면 '전체 고객 가운데 20%의 단골이 매출의 80%를 창출한다고 합니다. 즉, 단골을 우대해야 매출이 올라가리라는 생각을 자연스럽게 뒷받침해 줍니다.

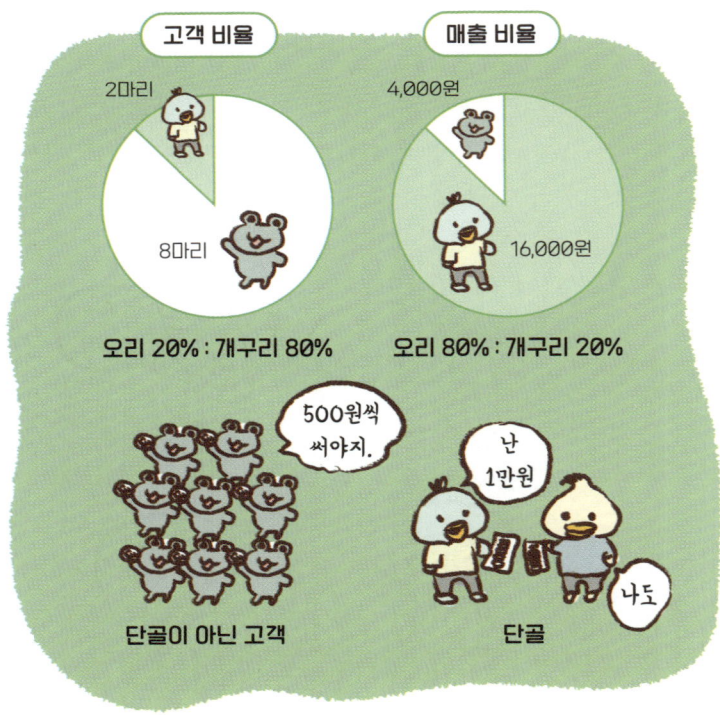

파레토 법칙은 '전체 고객 가운데 20%의 단골 고객이 매출의 80%를 창출한다'는 이론입니다.

'매출의 대부분은 전체를 구성하는 일부 요소가 만들어 낸다'는 파레토 법칙이 중요한 이유는 이것이 CRM의 기본이 되기 때문입니다. 요컨대 모든 고객에게 똑같이 홍보하기보다 구입 빈도가 높고 사용 금액이 큰 20%의 우량 고객에게 집중적으로 접근하는 쪽이 비용 대비 효과가 높습니다. 다만, 나머지 80%의 고객을 무시해서는 안 됩니다. 한정된 경영 자원을 어디에 집중해서 배분할지가 중요하다는 이야기입니다.

더 다양한 고객에게 균등히 홍보하기 위해 골고루 상품을 구성하는 A가게보다 20%의 상위 고객에게 집중해서 홍보하는 B가게의 매출이 더 높습니다.

파레토 법칙에서 말하는 20%의 우량 고객을 만드는 일은 쉽지 않지만, 일단 '열혈 팬'이라고 불릴만한 고객이 있다면 그들은 자사 제품이나 서비스를 계속 구입할 뿐 아니라 자발적으로 홍보해주기도 합니다.

'열혈 팬'을 만드는 방법을 **로열티 마케팅**Loyalty Marketing이라고 합니다. 로열티 마케팅에는 두 가지 방법이 있는데 하나는 쿠폰, 사은품 따위의 **유형적 보상**Hard benefit을 하는 것이며, 다른 하나는 이벤트 초대, 경영 참가 등 감정에 호소하는 특권을 제공하는 **무형적 보상**Soft benefit을 주는 것입니다. 유형적 보상이나 특권 제공으로 고객은 기업이나 가게에 신뢰와 애착을 갖게 되어 고객 충성도가 높아지기에 가게를 더욱 안정적으로 운영할 수 있습니다.

고객 충성도를 높이는 또 다른 방법에는 **브랜딩**이 있습니다. '그 가게는 믿을만하다', '항상 디자인이 좋은 제품을 출시한다' 등 좋은 브랜드 이미지를 만들어 내면 고객의 신뢰도가 올라갑니다.

특권 제공이나 브랜딩으로 고객 충성도가 높아진다면 홍보를 따로 하지 않아도 고객이 제품을 구입하고 제품이나 서비스의 장점을 주위에 알립니다.

열혈 팬을 만드는 방법을 로열티 마케팅이라고 합니다.
쿠폰을 주거나 사은품을 증여하고 이벤트에 초대하는 등의
메리트를 주는 방법이 있습니다.

자사 제품이나 서비스의 열혈 팬을 만들려면 고객의 만족도를 더 높여야 합니다. 고객이 '개별 응대를 받고 있다'고 느끼면 기업과의 사이에 신뢰 관계가 생겨 자연스레 단골이 됩니다. 이처럼 고객에게 개별 응대하는 전략을 **원투원 마케팅**One To One Marketing이라고 하며, 인터넷 쇼핑을 하고 난 뒤 추천 상품이 뜨는 것도 이에 해당합니다.

정보량이 급속히 증가하고 고객의 니즈도 다양해지면서 불특정 다수의 사람을 대상으로 제품을 홍보하고 판매를 촉진하는 활동인 **매스 마케팅**Mass marketing방식으로 접근하지 않고 고객 개개인의 구매 행동이나 행동 이력과 같은 정보를 기반으로 '고객 한 사람 한 사람을 타깃으로' 접근하는 방법이 원투원 마케팅입니다.

특히 전자상거래 사이트의 원투원 마케팅은 비용이 들지 않으면서 고객에게 알맞게 제안할 수 있는 점이 장점입니다. 개개인에게 맞춤 정보를 제공하므로 고객과의 신뢰 관계가 돈독해집니다.

> 원투원 마케팅은 '고객 한 사람 한 사람을 타깃'으로 접근하며, 개개인에게 맞춤 정보를 제공하는 마케팅 방법으로, 온라인 쇼핑에 도입하면 비용이 들지 않으면서 고객과 신뢰 관계를 돈독히 쌓을 수 있습니다.

소비자의 마음을 끄는 다양한 마케팅 방법들

ⓦ 체험 마케팅

물건이나 정보가 넘쳐나는 오늘날에는 상품 디자인, 고급스러운 연출 등 니즈를 충족하는 결과 가치만으로는 부족하다고 느끼는 소비자도 있습니다. 결핍 상태의 단순한 충족과 더불어 상품이나 서비스를 어떻게 획득했는지, 획득해서 어떤 감각을 느꼈는지에 대한 과정도 중요하게 생각하는 것입니다.

이에 **번트 슈미트**Bernd H. Schmitt 교수는 마케팅은 소비자의 니즈를 충족시키기 위한 활동이지만, 설렘이나 마음을 자극하는 체험도 중요하다고 말합니다. 그런 감정을 느끼게 하는 마케팅 기법을 **체험 마케팅**Experiential Marketing이라고 합니다.

즉, 결핍을 채우고 좋은 것을 손에 넣으려는 결과 가치만이 아니라 감동이나 만족감과 같은 체험 가치도 중요하다는 이론입니다.

물건이나 정보가 넘쳐나는 오늘날에는 상품 디자인, 고급스러운 연출 등 니즈를 충족하는 결과 가치만으로는 부족하다고 느끼는 소비자도 있고, 결핍 상태의 충족과 더불어 상품이나 서비스를 어떻게 획득했는지, 획득해서 어떤 감각을 느꼈는지에 대한 체험 가치 위주의 소비자도 있습니다.

슈미트 교수는 인지 과학의 개념을 토대로 체험 마케팅에는 다음과 같이 다섯 가지 유형이 있다고 분류했습니다.

체험 마케팅 다섯 가지 유형

1. 감각적 체험 Sense
시각, 청각, 후각, 미각, 촉각의 오감에 호소한다.

2. 감성적 체험 Feel
고객이 브랜드에 애착을 가지거나 감정 이입하도록 호소한다.

3. 인지적 체험 Think
지성이나 호기심에 호소한다.

4. 신체적 체험 Act
식생활, 시간 활용 방법 등 새로운 라이프스타일의 제안 혹은 행동을 유발한다.

5. 사회 관계적 체험 Relate
고객이 속하고자 하는 문화 등과 관련지어 제품이나 서비스를 홍보한다.

🆆 스폰서십 마케팅

1984년 로스앤젤레스 올림픽부터 한 업종당 하나의 회사를 스폰서로 채택하는 **공식 스폰서십 제도**가 도입됐습니다. 이를 **스폰서십 마케팅** Sponsorship marketing이라고 부르며 그 덕분에 고액의 운영 자금을 모을 수 있었습니다. 전 세계에 방영될 정도로 규모가 큰 대회일수록 홍보 효과는 커지고, 스폰서 비용도 비싸집니다.

스포츠 중계를 보다 보면 경기장 내 간판 광고가 눈에 띄며, 실제로 올림픽이나 월드컵 같은 스포츠 이벤트는 회사를 홍보하는 절호의 기회가 됩니다. 간판 광고는 물론, 유니폼이나 포스터에 회사 로고나 제품을 새겨 넣으면 회사를 대대적으로 홍보할 수 있습니다. 전 세계 사람들이 보기 때문에 거액의 예산을 투입해서 광고를 할 만한 가치가 있습니다.

스폰서가 되는 기업은 경기장에 광고를 내거나 유니폼에 로고를 새겨 넣어 자사를 홍보하는 대가로 스포츠 단체나 선수에게 계약료를 지불합니다. 그리고 스포츠 단체나 선수는 스폰서로부터 받은 수입으로 팀 운영 및 원정비 등을 마련합니다.

야구나 축구 등 인기 스포츠는 물론, 비인기 스포츠에도 스폰서로 나서는 기업이 있습니다. 지역 밀착형 팀이라면 그 지역 기업이 스폰서가 되어 팀과 선수를 후원합니다.

ⓦ 리스팅 광고

인터넷에서 '자전거'를 검색하면 그 후 얼마간은 자전거 관련 광고가 뜹니다. 이것은 **리스팅 광고**Listing advertisement 혹은 **검색 연동형 광고**라는 마케팅 기법입니다. 네이버나 구글 같은 검색 엔진에서 어떤 키워드를 검색하면 그것과 관련된 광고가 뜨는 인터넷 광고로, 개인의 취미와 취향에 맞춘 광고가 노출되는 점이 특징입니다. 검색 횟수가 많은 단어일수록 노출 횟수도 많아집니다.

가령 소비자가 자전거를 검색한다는 것은 '자전거를 사고 싶다' 까지는 아니더라도 관심이 있다는 것을 의미합니다. 이 경우 자전거와 관련된 광고가 노출되면 클릭할 확률이 높아집니다.

리스팅 광고는 광고가 노출됐다고 비용이 발생하는 것은 아닙니다. 광고를 클릭한 횟수에 따라 광고비용이 지출되는 구조이므로 광고를 내는 기업이 취급하는 제품이나 서비스에 관심이 있는 사람이 클릭해서 봤을 때만 비용이 발생합니다. 이는 PCC Pay Per Click라 불리며 클릭당 광고료 지급 방식을 말합니다. 그리고 '이 키워드로 검색됐을 때 이 광고가 노출되도록 하고 싶다'고 설정할 수 있는 점도 리스팅 광고의 특징입니다.

리스팅 광고를 할 때에는 키워드를 설정해 두어야 하는데 가성비 좋은 자전거를 판매하는 가게의 경우, 사용자가 '자전거', '싸다'라는 키워드 두 개로 검색했을 때 광고가 뜨도록 설정해둔다면 타깃을 좁힐 수 있습니다. 다만 검색이 많이 되는 단어는 라이벌이 많다는 의미가 있습니다. 즉, 복수의 기업이 같은 키워드를 설정한 경우 입찰 금액과 클릭률에 따라 노출 순위가 바뀌므로 키워드를 설정할 때 무엇으로 할지 고민할 필요가 있습니다.

그러나 리스팅 광고가 광고를 집행하는 기업에는 좋을지 몰라도 소비자의 입장에서는 비슷한 광고만 계속 보게 돼 금세 질리게 될 수도 있습니다. 전혀 관련 없는 키워드로 검색해도 노출되는 리스팅 광고는 소비자에게 불쾌감을 주거나 무시되기도 합니다.

리스팅 광고는 특정 키워드로 검색했을 때 해당 광고가 노출 되도록 설정하는데 전혀 관계 없는 키워드로 검색해도 노출되는 경우 오히려 역효과를 볼 수 있습니다.

그래서 고안된 것이 **네이티브 광고**Native Advertising입니다. 리스팅 광고는 관련 없는 페이지를 봐도 표시되지만, 네이티브 광고는 보고 있는 페이지의 콘텐츠에 자연스레 녹아들도록 만들어졌기 때문에 광고임을 눈치채기 어렵고 거부감도 크게 들지 않습니다. 즉, 광고가 아닌 콘텐츠의 일부라고 인식하게 하는 것입니다. 다만, 보는 사람에게 더 유익한 정보를 포함해야 하며 '광고', '홍보' 등 광고라는 사실을 반드시 표시해야 합니다.

네이티브 광고는 반드시
'SPONSORED', '광고', '프로모션' 등의 문구를 삽입해야 합니다.
콘텐츠와 광고를 구별해야 하는 규제가 있기 때문입니다.

그리고 SNS의 타임라인에 나오는 홍보 기사 같은 광고는 **인피드 광고** In-feed advertising라고 합니다. 인피드 광고도 네이티브 광고의 한 종류인데, 웹사이트, 애플리케이션, SNS 등의 콘텐츠와 콘텐츠 사이에 삽입되도록 만들어진 광고로 시야에 노출되기에 사람들이 흥미를 갖기 쉽다는 장점이 있습니다. 클릭률이 일반 광고의 2배 정도 되는 장점이 있지만 네이티브 광고를 만들려면 시간과 돈이 소요됩니다.

인피드 광고는 SNS의 타임라인에 나오는 홍보 기사 광고로 클릭률이 일반 광고보다 높습니다.

| 경영학 인물 FILE No.04 | 필립 코틀러
Philip Kotler |

> "
> 과거의 이론을 정리하여
> 마케팅을 학문으로 승화시켜
> 회사 내 주요 기능으로 보급한
> 마케팅계의 1인자
> "

최전선에서 활동하고 있는 마케팅 1인자

 과거의 마케팅은 상품이나 서비스를 팔기 위한 보조 역할에 그쳤습니다. 코틀러는 대량소비 시대에 돌입한 사회에서 마케팅이야말로 회사의 핵심적인 기능이라는 점을 간파하고 이를 보급시켰습니다. 그리고 과거의 이론을 『마케팅 관리론』이라는 책에 체계적으로 정리했습니다. 마케팅이 아무것도 없는 제로에서 만들어진 것이 아니라는 것도 주목할 만한 점입니다. 이로써 마케팅이 노하우 수집으로 이뤄진 개인적인 도구에서 처음으로 하나의 학문으로 형태를 갖추어 갔습니다.

참고문헌

국내 출간 도서

『플랫폼 전략』
(히라노 아쓰시 칼, 안드레이 학주 지음, 천채정 옮김, 더숲, 2011)

『칼 교수의 마케팅 집중강의』
(히라노 아쓰시 칼 지음, 노승완 옮김, 북랩, 2019)

『찾아라, 나의 비즈니스 모델』
(히라노 아쓰시 칼 지음, 민진욱 옮김, 디이니셔티브, 2019)

『일러스트로 바로 이해하는 가장 쉬운 마케팅』
(히라노 아쓰시 칼 감수, 조사연 옮김, 더퀘스천, 2020)

『일러스트로 바로 이해하는 가장 쉬운 경영학』
(히라노 아쓰시 칼 감수, 조사연 옮김, 더퀘스천, 2021)

일본 출간 도서 (국내 미출간)

『일러스트 칼 교수와 배우는 성공기업 31사의 비즈니스 모델 초입문!』
(히라노 아쓰시 칼 지음, 디스커버투엔티원, 2012)

『칼 교수의 비즈니스 집중강의 경영전략』
(히라노 아쓰시 칼 지음, 아사히신문출판, 2015)

『칼 교수의 비즈니스 집중강의 비즈니스 모델』
(히라노 아쓰시 칼 지음, 아사히신문출판, 2015)

『칼 교수의 비즈니스 집중강의 금융·파이낸스』
(히라노 아쓰시 칼 지음, 아사히신문출판, 2015)

『처음부터 배운다! 경영전략 읽기만 해도 아는 노트』
(히라노 아쓰시 칼 지음, 다카라지마사, 2019)

찾아보기

가

가설사고	76
칸반(간판) 방식	125
개	101
검색 연동형 광고	189
경영 이념	72
경영 자원	12
경영전략	72
경영지표	136
경쟁 지위별 전략	156
고객 만족	146
고정비	114
공급사슬	120
공급사슬 관리	120
공동화	40
공식 스폰서십 제도	187
공식 표준	128
관계회사	22
구독형 모델	50
귀납법	77
규모의 경제	114
규모형	97
기능별 전략	83
기술 전략	102

나

내면화	40
네이티브 광고	192
논리적 사고	78

다

다각화 전략	98
대량생산 시스템	50
대량소비	50
대중 소비시장	152
대차대조표	130
대체 불가능성	90
데카콘 기업	29
도입기	160
디지털 콘텐츠	58

라

라이선스 부여자	64
라이선스 사업	64
라이선스 사용자	64
레드오션	159
로열티 마케팅	180
로지스틱스	16
롱테일	50, 62
리스팅 광고	189

마

마이클 E. 포터	111
마인드셰어	156
마케팅 관리 과정	150
마케팅 믹스	150
마케팅 전략	102
마켓 1.0	152
마켓 2.0	152
마켓 3.0	152
마켓 4.0	152
매스 마케팅	182
매출액총이익률	136
맥킨지	42
모니터링 관리	150
모방 불가능성	90
모자회사	24
모회사	22
무과금 유저	58
무형적 보상	180
물음표	101
미래잉여현금흐름	135

바

번트 슈미트	184
범위의 경제	118

벤처기업	29
변동비	114
변화관리 이론	46
분산형	97
브랜딩	180
블루오션	159
비상장사	30
비즈니스 모델 이노베이션	48
빌프레도 파레토	178

사

사실 표준	128
사업 전략	82
사업부제 조직	36
산출	169
상명하복식	35
상장	20
상장사	30
생산관리	122
생산 전략	102
성숙기	160
성장기	160
성장 정지형	97
세분화	172
셀 생산 방식	117

소모품 모델	52	연결화	40
소셜 게임	58	연역법	77
소프트 측면의 S	42	영업활동현금흐름	135
손익계산서	130	예측생산	123
손익분기점	132	오픈 전략	60
쇠퇴기	160	원가 우위 전략	102
수직적 다각화	98	원가 절감	103
수평적 다각화	98	원가 집중	106
스타	101	원투원 마케팅	182
스탠퍼드 연구소	166	유니콘 기업	29
스폰서십 마케팅	187	유형적 보상	180
시가총액	30	이커머스	62
시장 점유율	154	인사관리	38
시장도전 기업	154	인피드 광고	193
시장선도 기업	154		
시장추종 기업	154	**자**	
시장틈새 기업	154	자기자본이익률	136
신용카드 비즈니스	50	자원기반 관점	80
		자회사	22
아		재무 전략	102
알 리스	156	재무제표	130
암묵지	40	재무활동현금흐름	135
어드밴티지 매트릭스	96	잭 트라우트	156
얼리어답터	162	저가 전략	103
에드먼드 제롬 매카시	174	적시생산시스템	124

전략계획 학파	80		창발적전략 학파	80
전략적 사고	75		체험 마케팅	184
전사 전략	82		총자산이익률	136
전자화폐	58			
정보의 입력	169		**카**	
제품 라인 한정	106		캐시 카우	101
제품수명주기	160		캐즘	162
제품 포트폴리오 관리	100		크라우드 펀딩	66
조기 다수수용자	162		크로스 SWOT 분석	92
조엘 딘	160		클레이튼 M. 크리스텐슨	143
존 코터	46			
주문생산	123		**타**	
주식회사	20		타깃팅	172
지각 수용자	162		투자활동현금흐름	135
지각구성 개념	169		특화형	97
지속성	90			
지주회사 제도	24		**파**	
직능별 조직	35		파레토 법칙	178
집성형 다각화	98		포드 시스템	116
집중형 다각화	98		포지셔닝	172
집중화 전략	106		포지셔닝 학파	80
			표출화	40
차			프레드릭 W. 테일러	69
차별화 전략	104		프레임워크	42
차별화 집중	106		프로젝트	66

프리미엄	58
플랫폼 전략	57
피터 드러커	146
핀테크	140
필립 코틀러	148

하

하드 측면의 S	42
하워드-세스 모델	169
학습구성 개념	169
핵심역량	90
헤비 유저	58
혁신	143
혁신 수용자	162
현금흐름	134
현금흐름표	130, 134
형식지	40
확률형 아이템	58
확장 가능성	90
회원제 모델	54
후기 다수수용자	162
희소성	90

숫자

3C 분석	86
4C	175
4P	174
5포스 분석	94
7S	42

영문/영어

CRM	176
GMS 모델	50
KS	128
M&A	26
OEM	126
PB	126
PCC	190
PDCA	108
PEST 분석	88
PPM	100
SCM	120
SECI 모델	40
S-O-R 모형	169
STP	172
SWOT 분석	92
VALS	166

그림으로 읽는 미니 MBA

제1판 1쇄 2022년 10월 19일

지은이 | 히라노 아쓰시 칼
옮긴이 | 김수빈
일러스트 | 후지이 마사코

펴낸이 | 홍순제
펴낸곳 | 주식회사 성신미디어
주 소 | 서울시 영등포구 양평로28가길 6 (양평동6가 9-1)
전 화 | 02-2671-6796   **팩 스** | 02-2635-6799
등 록 | 2016-00025호   **ISBN** | 979-11-90917-09-4

기획 및 총괄 | 홍현표   **책임편집** | 이수민   **디자인 총괄** | 노희성

이 책에 대한 의견이나 오탈자 및 잘못된 내용의 수정 요청은 아래 이메일로 알려주십시오.
잘못 만들어진 책은 구입하신 곳에서 교환해 드립니다.
성신미디어 홈페이지 | www.sungshinmedia.com
이메일 | book@sungshinmedia.com

Published by SUNGSHIN MEDIA Inc. Printed in Korea
저작권법에 의해 보호를 받는 저작물이므로 무단 전재와 복사를 금합니다.

우리 모두는 각자의 이야기를 가지고 살아갑니다.
이야기로 콘텐츠를 만들고, 콘텐츠로 교육을 이어
다음 세대를 위한 더 좋은 세상을 만드는 일,
성신미디어의 비전입니다.
여러분의 이야기를 기다립니다.

이메일	book@sungshinmedia.com
인스타그램	@ssmedia_official